돌의 기억

권민정 에세이
돌의 기억

2024년 10월 10일 초판 1쇄 발행

지은이 권민정 | 펴낸이 김은영 | 펴낸곳 북나비
출판신고 2007년 11월 29일 제380-2007-00056호
주소 04992 서울시 광진구 자양로9길 32 4층(자양동)
전화 (02)903-7404, 팩스 02-6280-7442
booknavi@hanmail.net
블로그 www.booknavi.co.kr

ⓒ 권민정 2024
ISBN 979-11-6011-138-5 03810

※ 이 책의 저작권은 저자에게 있으며 출판권은 북나비에 있습니다.
※ 이 책의 전부 또는 일부를 이용하시려면 저작권자와 북나비의 동의를 받아야 합니다.
※ 책값은 뒤표지에 있습니다. 잘못된 책은 바꾸어 드립니다.
※ 이 도서는 2024년도 한국문화예술위원회 문학창작산실(아르코문학창작기금) 발간지원사업에 선정되어 발간하였습니다.

돌의 기억

권민정 에세이

책을 내며

 글쓰기는 나와 세상의 만남, 떨림에서 시작됩니다. 떨림은 순간적으로 지나갈 때도 있지만 길게 지속될 때도 있습니다. 비슷한 나의 경험이 소환되면 쓸 말이 많아집니다. 존재하는 모든 것이 서로 연결되어 있다는 사실을 민감하게 받아들이는 요즈음입니다. 사람들은 물론 식물과 동물, 무생물까지 하나로 연결되어 있음을 느낍니다. 관계 맺고 있는 것들을 인격화하고, 감정을 공유하는 '다정한 서술자'로서의 작가를 지향합니다.

 등단한 지 20년이 되는 해에 제3 수필집을 엮습니다. 제2 수필집 『시간 더하기』를 발간하고 7년이 지났습니다. 그동안 수필, 칼럼도 쓰고 SNS 브런치에서 글을 쓰는 변신도 했습니다. 변하지 않는 것은 세상살이 이야기, 꿈 이야기입니다. 내 수필에는 꿈 이야기가 많습니다. 힘센 존재

재와 약한 존재가 서로 얼굴을 마주 보며 서로의 마음을 헤아리는 세상에 대한 꿈과 같은 것입니다.

이 책은 1부에서 4부까지는 문예지에 발표한 수필, 5부는 브런치스토리 글, 6부는 국민일보 칼럼으로 구성되어 있습니다.

같이 공부하는 문우들, 항상 격려하며 글 쓸 힘을 주는 남편과 아이들에게 감사합니다.

2024년 8월
권민정

차례

책을 내며 … 4

1부 진진묘眞眞妙

묘妙골 마을 2 … 13
불꽃처럼 … 20
얼굴을 마주 보고 … 26
낙원구 행복동 … 34
진진묘眞眞妙 … 40
걸어가는 사람 … 45
내 마음속 보리암 … 50
9,500km 자동차여행 … 55

2부 돌의 기억

돌의 기억 … 67 | 거미의 건축법 … 72

제주의 색 … 76 | 4·3 평화공원에서 … 82

따라비 오름에 올라 … 86 | 등대처럼 … 89

고속도로 휴게소 … 94 | 백제의 미소 … 99

3부 손자의 기도

세로의 가출 … 107 | 전쟁 같은 맛 … 112

산불 … 118 | 숲길을 걸으며 … 124

손자의 기도 … 130 | 제주 할망 … 135

어느 가족의 초상 … 142 | 시인 은복이 … 147

4부 내가 꿈꾸는 세상

워킹맘의 눈물 … 155 | 밝은 곳으로 갔을까 … 160

어느 모자의 죽음 … 165 | 마지막 모습 … 171

야간 멧돼지 목욕탕 … 176

준이네 동네 애꾸눈 고양이 … 181

겨울 저녁 … 187 | 차드에서 온 소식 … 190

내가 꿈꾸는 세상 … 196

5부 안반데기에서 별을 보다

인생은 선물이다 … 203

연극 〈토카타〉를 보고 … 206

음악회, 일금 3만 원으로 사는 행복 … 210

마음을 담은 클래식 … 214 | 매화마을 … 218

안반데기에서 별을 보다 … 221

6부 함께 사는 세상

함께 사는 세상 … 229

하나님의 선물 … 233

위기의 아이들 … 237

상괭이의 꿈 … 241

정직 … 245

나그네 환대에 관하여 … 249

시간을 잃어버린 소녀들 … 253

1부

진진묘 眞眞妙

"그림을 그린다는 것은 미의 승리를 확신하고 캔버스를 향해 감행하는 영혼의 도전이 아닐까."

글을 쓴다는 것 역시 마찬가지다. 작가는 자기의 내면세계를 글로 말한다. 위선을 멀리하고, 진실을 향해 감행하는 깨달음의 도정道程이다. 특히 수필은 더욱 진지한 자기 고백이다.

묘妙골 마을 2

불꽃처럼

얼굴을 마주 보고

낙원구 행복동

진진묘眞眞妙

걸어가는 사람

내 마음속 보리암

9,500km 자동차여행

묘妙골 마을 2

 한 젊은이가 고개를 넘어가고 있다. 그의 발걸음은 무겁고, 표정은 비장하다. 삶과 죽음, 그 갈림길에서 어느 쪽을 택하느냐는 본인의 의지일 때도 있지만 권력을 가진 자의 손에 맡겨지기도 한다. '나의 미래는 어떻게 될까?' 그는 생각한다. 기적과 같이 살아남은 생명의 작은 불씨마저 영영 소멸되어 버릴까? 아니면 그 나무가 꽃을 다시 피우게 될까? 참으로 중요한 갈림길에 있다는 생각이 들었다.
 젊은이의 이름은 박비婢. 신분이 노비인 것도 서러운데 왜 이름까지 비라고 지었을까. 그는 늘 궁금했으나 박씨 성을 가진 종이라는 이름으로 살 수밖에 없었다. 어느 날, 청년이 된 비 앞에 높은 신분의 한 양반이 찾아와서 자신이 이모부라고 했다. 그리고 놀라운 이야기를 했다. 출생의 비밀에 관한 이야기, 그가 어머니의 복중에 있을 때 일어났던 피비린내 나는 살육의 역사에 대해서였다. 그는 종이 아니라 역적의 자손이었던 것이다. 태중에 있을 때 이미 남자로 태어나면 죽이라는 어명이 내려진 운명이었다. 죽을 수밖에 없던 아기를 살려낸 사람은 지금의 어머니다. 노비였던 그녀는 주인의 아들을 자신이 낳은 딸과 바꿔치기 함으로써 아기의 생명을 위기에서 구한 것이다.

조선 오백 년 역사에서 가장 참혹했던 살육의 현장, 삼족을 멸하고 남자의 씨는 말려버리겠다는 세조의 의도대로 사육신의 남자 혈육은 다 죽고 말았다. 그런데 그 위기의 순간에 생명 하나가 기적적으로 살아남아 경상도 땅, 달성군 묘리에서 17년을 살고 있었던 것이다. 취금헌 박팽년 선생의 손자 박비의 이야기다.

출생의 비밀을 알게 된 박비는 어떤 심정이었을까? 이모부는 자수를 권했다. 세상이 많이 변했으니 본래의 신분을 되찾으라는 것이다. 그렇게 서슬 퍼렇던 세조는 이미 죽어 임금도 두 번이나 바뀌었다. 그렇지만 지금의 임금도 세조의 손자인데 자수한다는 것이 목숨을 건 도박이 아니겠는가, 그는 고민하고 또 고민했을 것이다.

박비가 자수를 결심하고 한양에 가는 날 그는 문낵이고개聞樂峙를 넘어갔다. 묘리에서 왜관으로 바로 갈 수 있는 고개이다. 이 고개를 넘나드는 사람들이 즐거운 마음으로 안부를 묻고 듣는다는 뜻에서 문낵이라 한다. 문낵이 고개에 서면 낙동강이 보인다. 언덕을 내려가 낙동강을 따라 걷다보면 한양 가는 길을 찾을 수 있다. 그는 고개에 서서 두렵고 떨리는 자신의 마음과는 달리 저 아래에서 유유히, 그러나 무심한 듯 흐르는 낙동강을 내려다보았다. 수천수만 년 전부터 흐르고 있는 강은 앞으로도 계속 흐를 것이다. 한치 앞을 알 수 없고 마치 바람 앞의 등불 같은 인간의 존재에 비해 자연은 얼마나 유장한가. 그의 할아버지의 죽음을 생각하면 이야기를 듣기만 했는데도 모골이 송연했다. 끔찍한 고문을 받고 옥에서 죽었는데 또 거혈형까지 당했다고 했다. 자신의 할아버지뿐 아니라 증조할아버지, 할아버지의 형제분들, 자신의 아버지, 아버지의 형제까지 그렇게 남자들은 다 죽고, 재산은 몰수되고, 집안의 여자들은 모두 노비가 되었다 했다. 그는 자수할 결심을 하고 발걸음을 내디뎠으나 두려웠다. 어쩌면 살아서 돌아올 수 없는 길이 되어 이제는 다시 볼 수 없을지도 모른다는 생각에 마을을 돌아보고 또 돌아보았다.

박비가 마을을 향해 언덕을 내려오고 있다. 한양을 향해 고개를 넘을 때 발걸음은 무겁고 표정은 비장했지만 지금 발걸음은 날듯이 가볍고 얼굴은 기쁨으로 환하다. 새로 태어난 듯하다. 그가 한양에서 겪었던 일을 생각하면 꿈을 꾸는 것 같았다. 세조의 손자 성종은 세조와는 다른 임금님이었다. 감히 임금의 명을 어기고 속이기까지 한 박비와 그의 어미를 죽이지 않고 용서했다. 또 한 번의 피바람이 불 수도 있었는데 임금은 그에게 새 이름까지 지어주었다. 사육신 중 유일하게 남은 옥구슬이라는 뜻의 일산壹珊이란 이름을 주셨다. 사육신 여섯 가문 가운데 유일하게 대를 이은 박일산은 묘골에 터를 잡아 그의 자손들이 수백 년 이어져 내려오고, 묘골 순천 박씨의 입향시조가 되었다. 그 후 그의 자손들은 할아버지의 봉제사만이 아니라 멸문지화로 절손된 사육신 다섯 분의 봉제사까지 받들어 오늘에 이르렀다. 박비가 내디딘 발걸음은 목숨을 걸 만큼 위험했지만 그가 용기를 내어 한 역사가 만들어졌다.

지금은 행정구역상 대구시 달성군 하빈면 묘리에 있는 묘골 마을을 찾아갔다. 내가 묘골을 방문한 날은 폭염이 계속되던 한여름이었다. 꽃이 활짝 핀 배롱나무가 마을 입구에서부터 사육신기념관까지 가로수로 길게 이어져있었다. 배롱나무는 나무줄기가 매끄럽지만 속이 꽉 차 있어 일편단심을 나타낸다 하여 예전부터 사당이나 서원 등에 많이 심었고 선비들의 사랑을 받아온 나무이다. 한여름, 산과 들이 초록으로 덮일 때 배롱나무의 붉은 꽃은 초록과 가장 잘 어울리는 꽃이기도 하다. 오래전에 묘골을 방문했을 때보다 마을은 더 아름답게 가꾸어져 있고 고택들도 잘 정비되어 있었다. 마을 곳곳에는 사육신을 기념하는 건축물들이 국가 보물로, 문화재로 남아있다. 마을 입구에는 충절문이 서 있고, 마을 주민은 절개와 의리라는 뜻의 절의節義라는 단어, 우리가 거의 잊고 사는 이 단어를 일상어로 쓰고 있다.

사육신의 정신, 불의한 권력에는 목숨을 걸고 저항했던 그 정신은 500년 동안 우리 민족 속에 면면히 내려와 어쩌면 지금의 민주화를 이룬 정신적 뿌리일 수도 있다. 지금 묘골이 충절의 고장으로 이름이 나 대구 근교의 명소로 충분히 자리할 만하다는 생각이 들었다.

나는 박비가 자수를 결심하고 넘어갔다는 문낵이고개에 올라갔다. 그리고 고개에 세워져 있는 육각정에 올라가 저 아래 흐르는 낙동강을 내려다보았다. 어려서 들었던 박비의 이야기를 생각했다. 내 외할머니가 묘골 순천 박씨이고 어머니는 외가인 묘골에서 태어나 5살까지 묘골에서 컸기에 나는 외할머니와 어머니한테 묘골 이야기를 들으면서 자랐다. 주로 박비와 박비를 살려주고 키워주셨던 어머니, 여종에 대해서였다.

"옛날에는 사람들이 참 의리가 있었어."

지금도 귀에 맴도는 외할머니의 음성이다. 이미 주인의 가문은 몰락했고 그녀는 자신과 똑같이 노비가 된 마님에 대해 어떤 의무도 없었는데도 그렇게 했기에 세종대왕과 단종에게 의리를 지킨 사육신만큼 그 여종을 칭송했다. 그리고 할머니가 들려주신 이야기는 참으로 긴장감이 넘치고 아슬아슬했지만 박비의 용기가 얻어낸 신분 복원의 역전의 내용이라 재미있었다.

나는 박비를 살린 여종, 그 할머니를 참배하고 싶어졌다. 뿌리를 찾아가 보면 나의 존재 역시 그 할머니와 이어져 있다는 생각이 들었기 때문이다. 그런데 이상했다. 아기의 생명의 은인이며 후손들에게도 자신의 생명이 있게 한 존재인 그 여종을 기념하는 추모비 같은 것이 어디에도 없었다. 이럴 수는 없는데 왜 그럴까? 그 이야기가 단지 야사나 안방에서 전해지던 여자들의 이야기가 아니라 역사에도 기록으로 남아 있는 것인데…. 기념비 같은 것이 없어도 마음으로 기억하고 추모하면 충분해서 그런 것일까. 그러나 죽을 수밖에 없던 태胎중의 아기를 살게 하고 삶이 이어지게 함으로써 그 마을을 존재하게 한 주인공에 대한 예의는 아닌 것 같은 생각이 들었다. 자신의 태중의 아기가 남아인지 여아인지도 모르는 상황에서 자신의 아기의 생명을 걸었고 그런 위험을 감수했던 분이 아닌가. 양반의 생명이 소중하다면 종의 생명도 소중한 것이다. 태를 지키고 아기의 생명을 보호하고자 하는 모든 어미들의 가장 근본적인 본능까지 극복했던 분이었다.

박일산은 친어머니를 만나서 같이 살게 되었을 것 같은데 키워준 어머니는 그 뒤 어떻게 되었을까? 나는 그런 생각들을 하다가 그녀의 신분이 노비에서 면천免賤되어 그녀는 친딸을 찾아 마을을 떠났을 것이라는 생각이 들었다. 그래서 이 마을에는 어떤 기념물도 없는 것이다. 그러나, 그렇다하더라도 묘골에 사는 후손들이 자신들이 받드는 조상과 똑같이 그녀를 받들고 기념한다면 묘골은 훨씬 더 빛날 것이다. 돌아오는 내내 외할머니가 이야기했던 '의리'라는 단어가 계속 머리에서 떠나지 않았다.

불꽃처럼

 구한말 패망해가는 나라를 구하려고 목숨을 걸었던 의병이야기를 다룬 TV드라마 〈미스터 션샤인〉을 재미있게 보던 중 나는 주인공 유진과 신애의 대사가 마음에 와 꽂혔다.
 "수나 놓으며 꽃으로만 살아도 될 텐데. 내 기억 속 사대부 여인들은 다들 그리 살던데."
 "나도 그렇소. 나도 꽃으로 살고 있소. 다만 나는 불꽃이오. 우리는 얼굴도, 이름도 없이 오직 의병이오. 할아버지께는 잔인하나 그렇게 환하게 뜨거웠다가 지려 하오, 불꽃으로. 죽는 것은 두려우나 난 그리 선택했소."
 그 장면을 보며 내게도 생각나는 사람이 한 분 있었다.

어린 시절부터 어머니께 여러 차례 들어왔던 이야기 속 할아버지. 나 역시 '왜 그분은 그런 인생을 선택했을까? 그 길이 죽음을 재촉하는 고통의 길임을 그가 모를 리가 없었을 텐데. 죽음 앞에서 그는 어떤 생각을 하며 마지막 길을 갔을까?' 하는 의문을 늘 품고 있었다. 인생은 여러 길이 있을 텐데 꼭 그렇게 험한 길이 아니더라도 의미 있는 다른 길이 있었을 것 같기 때문이다. 나에게는 외종조부 되시는 분이다.

그는 1903년 충청도 시골 한 양반 댁 4형제 중 셋째아들로 태어났다. 그가 태어나고 유년을 보낸 시기는 우리나라가 조선에서 대한제국으로 국명이 바뀌고 일본이 본격적으로 우리나라를 침탈하며 그 야욕을 드러내고 있던 시기였다. 그는 고향에서 보통학교를 졸업하고 서울에 있는 경성 제1 고보에 진학하여 학창 시절을 보내게 된다. 고보를 졸업하고 직장생활을 하면서 결혼하여 한 아이의 아버지가 되었다. 1929년 광주학생 항일운동이 터졌다. 다음 해 그는 서울에서 광주학생운동의 전국적 확대에 힘을 쏟다가 일경에 체포되어 1년 가까이 감옥살이를 하게 된다. 그의 고난은 그때부터 시작되었다. 34세의 젊은 나이에 옥사하기까지.

광주학생운동 때 왜 그는 학생도 아니었는데 그 사건에 연루되어 감옥살이까지 했을까? 한 여인의 남편이고 한 아이의 아버지가 되었는데 그는 가족을 위한 의무보다 일본에 저항하며 활동하는 것이 더 중요했을까? 그의 선택은 그의 가족에게는 너무 잔인한 일이거나 무책임한 것은 아닐까? 일제의 식민지가 된 지도 20년이 넘어 많은 사람들이 순응하며 살던 때였을 텐데.

그 부인은 남편이 옥사한 후 마음의 병을 얻어 다음 해에 돌아가셨기 때문에 하나뿐인 아들은 어린 나이에 고아가 되고 말았다. 아들은 부모를 그렇게 잃고 마음을 잡지 못해 무척 방황하며 공부에도 뜻을 잃었고 보통학교만 졸업한 후 평생 어렵게 살았다.

나는 내 의문에 대한 답을 얻기 위해 그분에 대한 기록을 찾아보기로 했다. 그분을 아는 이는 이미 다 돌아가셔서 1930년대 신문들과 독립운동사 사료집을 찾았다. 생각했던 것보다 많은 기사와 기록들이 있었다. 특히 1932년 『동아일보』 기사는 본인은 물론 가족들도 얼마나 가슴을 졸였을지 짐작되어 당시 모습이 눈에 보이는 듯했다. "…순사와 형사들이 수십 대로 나누어 시내를 엄중 경계하는 동시에 가택을 수색하고 가가촌촌을 이 잡듯 뒤지어 십여

명을 검거…." 또 어느 날의 "…엄중한 취조를 받고 있는 중이라는 바 그 내용은 비밀에 부침으로 아직 알지 못한다."는 기사에서는 일제의 악명 높은 고문이 떠올랐다.

재판 기록을 보니 죄명은 치안유지법 위반이었고 2년 6개월의 선고를 받았다. 사법경찰관 심문 조서를 읽으며 많은 고문으로 인해 얼마나 큰 고통이 있었을지 짐작되었다. 그는 일제 식민지 통치를 전면적으로 부정하였다. 그가 그렇게 고난의 길을 가게 된 것의 시작점이다. 그는 고향에 내려가 청년을 지도하고 농민조합운동을 하였다. 농민이 전체 인구의 8할을 점하고 있어 농민운동이 항일운동의 중요한 부분이었으므로 농민조합을 조직하여 농민운동에 전력하였다. 일제의 수탈이 극심할 때였다.

한국의 유림들은 애국자였다. 제대로 된 선비라면 일제에 순응하기보다는 저항할 수밖에 없었을 것이다. 선비의 고장 안동에서 수백 명의 독립투사가 나왔듯이 대대로 유학자 집안 후손인 그는 결코 일본의 침략을 용인할 수 없었다. 서울에서 고보를 다니며 자기 성찰의 깨달음이 더 깊어져 일제에 저항하는 길을 가게 되었을 것이다. 신서적을 읽고 혁신적인 사고를 길렀다.

이번 기회에 구한말부터 해방되기까지 독립운동사를 공

부하며, 또 그 분에 대한 기록을 읽으면서 그 글들에서 목소리를 들을 수 있었으며 나는 그분에 대한 나의 질문에 답을 찾은 것 같다.

박은식의 『한국통사』에 따르면 우리의 주권을 일제에 빼앗긴 망국을 한탄하며 목숨을 끊은 전국의 선비는 28명이었다. 또 "옛사람이 나라는 없어질 수 있으나 역사는 없어질 수 없다고 하였으니, 그것은 나라는 형체이고 역사는 정신이기 때문이다. 이제 한국의 형체는 허물어졌으나 정신만이라도 오로지 남아있을 수 없는 것인가."라고 했다.

나라가 위기에 처했을 때 불꽃처럼 목숨을 바친 의병이나 독립투쟁을 한 분들이 있어 정신이 이어졌고 역사는 살아남은 것이다.

〈미스터 션샤인〉에서 의병을 선택했던 애기씨가 말했듯이 그 분도 분명히 이렇게 말할 것 같다.

"내 아내, 아들에게는 잔인하나 그렇게 환하게 뜨거웠다가 지려 하오 불꽃으로. 죽는 것은 두려우나 난 그리 선택했소."

그분은 돌아가신 후 60여 년 지나 독립유공자로 건국훈장이 추서되어 나라에서 후손을 찾아서 전했다.

1900년 초 우리나라에 와 있던 서양 선교사들은 우리 민족이 수수께끼 같다고 했다. 우리 민족은 탄압받고 괴로움을 당할지라도 결코 복종하지 않는, 동아시아의 가장 오래된 민족 중의 하나라는 것이다.

  누구에게나 목숨은 귀하고 가족은 소중한 것이지만 불꽃처럼 사신 분들 덕분에 지금 우리가 있는 것 같아 다시 한번 자신을 돌아보게 된다.

얼굴을 마주 보고

　A조선소 제1독은 넓고 깊다. 이 드라이독은 갑문을 이용해 물을 빼내고 선박을 조립 완성한 후 다시 물을 채워 선박을 진수하는 작업장이다. 한 남자가 독 바닥에서 자신을 가로세로 높이 1m의 철 구조물 속에 스스로 가둔 채 농성을 하고 있다. 바닥에서 15m쯤 되는 고공에서는 6명의 남자들이 길고 좁다란 선반 위에 서서 그를 응원하며 같이 농성 중이다. 조선소 하청노동자들이다. 한 달 넘게 계속된 농성으로 작업이 중단되어 회사가 천문학적인 손해를 보고 있다는 보도가 며칠째 나오더니 드디어 정부에서 강경한 경고 메시지를 냈다. 수천 명의 경찰이 진압을 위해 대기 중이라고 한다.
　나는 이 뉴스를 계속 챙겨 보며 가슴을 졸였는데, 경찰이 진압을 위해 대기 중이라는 보도에 심장이 오그라드는 것 같았다. 용산역 철거참사 때처럼 위험한 상황이 생길지도 모른다. 독 밖에서는 100여 명의 노동자들이 배수진을 치고 같이 농성 중이다. 경찰이 진압에 들어간다면 인명 피해가 불 보듯 뻔하다.

제비 심장이 되어 TV 뉴스를 보고 있을 때 한 장면이 내 눈을 사로잡았다. 한 사람이 일자 사다리를 타고 독 바닥으로 내려가고 있다. 노동부장관이다. 그는 그 깊은 바닥에 내려가 농성 노동자와 마주 앉았다. TV 화면에 노동자의 모습도 잡혔다.

"이대로 살 수 없지 않습니까?"

그는 이렇게 쓴 팻말을 들고 있다. 빼빼 마른 얼굴, 눈이 퀭하다. 그러나 눈빛은 날카롭다. 얼굴이 핼쑥하고 눈이 퀭한 것은 어쩌면 당연할지 모른다. 바로 눕기에는 너무 좁은 가로세로 높이 1m의 철창 속에서 그는 한 달 넘게 불편하게 지내고 있다. 생리적 문제는 기저귀로 해결한다니 생존에 필요한 최소한의 음식만 먹을 것이다. 이대로는 도저히 사람답게 살아갈 수가 없다며 그는 유서까지 써 놓고 이 극단적인 방법을 취했다. 노동부장관과 하청노동자가 서로 얼굴을 마주 보고 진지하게 이야기를 하고 있다.

'노총 출신 장관이라 뭐가 다르긴 다르구나'. 안도의 한숨과 함께 왠지 큰 불상사 없이 문제가 풀릴 것 같은 느낌이 들었다. 박수가 저절로 나왔다. 이전에는 볼 수 없던 풍경이기 때문이다. 노동부장관이 된 그에 대한 기억이 되살아났다.

민주노총이 합법화되기 전 한국노총만이 유일한 합법 노동조합 단체였을 때이니 30여 년 전이다. 여성 노동자의 근로 조건에 대한 논문을 쓴 덕에 나는 노총 여성국에서 근무하고 있었고, 그 노동부장관은 정책실 연구원이었다. 하루는 우리 국 직원이 정책실에 업무 협조를 하러 갔다 오더니 화가 나서 견딜 수 없는지 그 연구원에 대해 마구 욕을 퍼부었다. '싸가지 없는 새끼'. 현장에서 노동운동을 수십 년 해 온 역전의 용사들이 대부분이었던 노총에 대학 출신 연구자들이 몇 사람 있었다. 수십 년 노동 현장에서 고생하며 잔뼈가 굵은 사람들에게 현장 고생 없이 이론만으로 노조 간부가 된 사람들은 인성과는 상관없이 쉽게 싸가지 없는 새끼가 될 수도 있다. 그럼에도 불구하고 그는 한 직장에서 평생 달려온 모양이다.

노동부장관과 마주 앉은 이 노동자는 왜 이런 극단적인

일을 벌이고 있는가? 22년 차 용접공인 그는 228시간 일을 하고 월급으로 세후 207만 원을 받았다. 또 다른 하청 노동자인 23년 차 도장공은 291시간 일해 234만 원을 받았다. 295만 원을 벌었을 땐 무려 374시간 일했다. 6년 전 조선소 불황으로 30% 임금이 깎인 후 물가가 천정부지로 올라버린 지금까지도 그대로다. 노동집약적 산업인 조선업에서 20년 베테랑 노동자가 하청이라는 이유로 요즘 청년층 첫 직장 임금만도 못한 200만 원 안팎의 월급을 받고 있다는 사실은 충격 그 자체이다.

소설가 김숨은 『제비심장』에서 조선소 작업장을 이렇게 묘사하고 있다.

> 그들은 철상자 안에서 고군분투한다. 거대한 철상자 안에서 길을 잃는다. 안전은 무시되기 일쑤다. 쇳가루가 날리고 독한 페인트 냄새가 공기처럼 떠도는 곳, 하루살이 노동자들은 일당을 벌기 위해 하루를 온전히 바친다. 하루를 벌어야 하루를 산다.

김숨은 조선소 노동자들의 노동 환경은 거짓말보다 더 거짓말 같은 현실이라고 말한다. 소설 속 세계를 비현실적이라 느끼는 독자들에게 너희들은 이 세계를 아느냐 모르느냐, 도대체 어떻게 모를 수가 있느냐고 묻고 있다. 높은 작업대에서 떨어지고, 위에서 떨어지는 물체에 맞으며 하루 평균 22명이 불구가 되고, 병이 나고, 죽는다. 왜 이렇게 사람 목숨을 귀하게 여기지 않을까? 노동자들이 조선소를 떠나버려 일할 사람이 없다고 아우성칠 날이 오지 않을까?

이렇게 비현실적인 작업장 환경에서, 이렇게 오래 일하고 놀랍도록 적게 받는 임금을 보니 1970년대 여성 노동자가 생각났다. 대학 2학년 때 학교에서는 한 학기 동안 실습할 장소를 영등포에 있는 도시산업선교회로 정해 주었다. 우리 학과가 실습을 중요시 하는 것은 알았으나 산업선교회는 참 뜻밖의 실습지였다. 한 학기 동안 매주 하루는 어김없이 공장 노동자들을 만났다. 1972년 봄부터 여름까지. 그때 내가 만난 여성 노동자들은 주로 대기업 공장에서 일하고 있었다. 나보다 어렸고, 너무 비참한 상태에서 노동을 하고 있었다. 작업장은 먼지가 자욱하고, 35~6도 넘게 무척이나 더웠다. 하루 12시간 이상 일하고, 임금은 터무니없이 적게 받았다. 그러나 여성 노동자들이 가장 힘들어했던 것은 따로 있다. 기숙사 반찬이 너무 형편없다는 것이다. 그들은 종종 이런 말을 했다.

"사장님이 우리를 사람으로 본다면 그런 음식을 줄 수 있을까요?"

원하던 학교에 합격하여 대학 생활을 즐기던 나에게 '우리를 사람으로 본다면'이라는 말이 가슴에 비수처럼 꽂혔다. 나에게는 생존하기 위해 몸부림치는 세계와의 첫 만남이었다. 그때 깨달았다. 내가 사회적으로 큰 혜택을 받은 사람이구나 하는 자각이다.

그 후 세상은 참 많이 바뀌었다. 세계 최대 빈곤 국가 중 하나였던 우리나라는 선진국의 대열에 섰다. 그런데 그때와 너무나 흡사한 일들이 지금도 계속되고 있다는 것은 충격이다.

농성이 끝났다. 하청노동자들이 요구했던 임금 임상 30%에는 턱없이 부족한 4.5% 인상에 합의하며 타협이 이루어졌다. 노동자들이 진 것인가? 그런데, 협상타결을 숨죽이고 지켜보던 노동자들이 환호하고 있다. 그들은 안도의 한숨을 내쉬며 밝은 얼굴로 환호한다. 협상 타결 후 철창에서 풀려나오고, 고공에 있던 노동자들이 사다리를 타고 내려올 때 서로 껴안고 오열하며 승리의 구호를 외쳤다. 파업으로 인해 생겼다는 8,000억 원의 손해배상을 떠안게 될 처지인데도 말이다.

　왜 기뻐하고 있을까? 목숨이 위험했던 동료가 살아 나와서 그러는 것만은 아닌 것 같다. 이번 일을 통해 그들이 얼마나 위험한 곳에서, 어떤 임금을 받으며 일해 왔는지를 많은 사람들이 알게 되었다. 철상자 바닥에서 포설공들은 거대한 전선을 깔고, 용접공들은 철판을 녹여 늘이고 붙인다. 파워공은 그라인더로 철판 표면을 깎고, 도장공은 철판에 페인트를 칠하고, 발판공은 작업자들이 움직이며 일할 발판을 만든다. 요즘 조선소에서 발판공은 무조건 하청 소속이다. 정규직은 수십 미터 고공에서 발판 만드는 일 같은 건 하지 않는다. 도장, 전기 업무도 거의 하청이 처리한다. 위험한 일은 하청이 한다. 조선 산업의 80%가 다단계 하청구조로 이루어져 있다. 20년 차 숙련 노동자의 일당이 최저임금 수준인 것도 알았다. 이 불합리한 임금 체계에 대해 수많은 사람이 이번에 숙지한 것이다.

　작은 공을 던져 올린 난장이처럼 그들은 하늘을 향해 작은 별을 쏘아 올렸다. "국민 여러분 죄송합니다. 더 이상 이렇게 살 순 없지 않습니까?"라는 호소. 나는 그렇게 살 수 없다고 생각한다. 우리 모두 그렇게 살 수 없다. 그러니 그들도 그렇게 살 수는 없는 것이다.

제1독 바닥에서 장관과 노동자가 얼굴을 마주 보고 있을 때 나는 어릴 때 부르던 노래 하나가 생각났다. '사자들이 어린 양과 뛰놀고…'. 힘센 존재와 약한 존재의 만남, 서로의 마음을 헤아리며 평화롭게 사는 세상에 대한 꿈이다.

낙원구 행복동

조세희 작가가 세상을 떠났다. 코로나에 걸린 후 병상에서 일어나지 못했다고 한다. 작가가 꿈꾸던 세상. 사랑으로 자식을 키우고, 사랑으로 이웃을 대하고, 사랑으로 일하는, 사랑으로 바람을 불러 작은 미나리아재비 꽃줄기에까지 머물게 하는 세상을 그리며 눈을 감았을 것 같다. 그가 쓴 소설집 『난장이가 쏘아올린 작은 공』이 100쇄를 찍었던 해, 그는 "한 작품이 100쇄를 돌파했다는 것은 작가에겐 큰 기쁨이지만 더 이상 〈난쏘공〉이 필요하지 않은 시대가 왔으면 한다."고 말했다. 320쇄를 돌파하고 누적 발행부수가 150만 부에 이르는 현재의 사태를 본다면 그는 뭐라고 말을 할까?

나는 2008년에 발행된 106쇄 소설집을 가지고 있다. 그

라나 연작소설 12편 중 네 번째 발표된 작품 〈난장이가 쏘아 올린 작은 공〉을 처음 읽은 것은 1976년 겨울이다. 한 문예지에 발표된 그 소설을 읽으며 온몸에 전율이 느껴졌다. 그 이야기는 일 년 전에 내가 직접 겪고 경험했던 이야기였기 때문이다. 나는 〈난쏘공〉 이야기 속, 바로 그때 현장에 있었다. 그 동네 교회에서 운영하던 어린이집 교사를 했었고, 철거가 시작된 후에는 지역조사 담당직원으로 일했다. 청계천 판자촌은 하천을 따라 수만 채의 판잣집들이 들어서 있던 동네였는데 한양대학교 뒤편, 송정동 지역 판자촌이 1975년 6월부터 먼저 철거가 시작된 것이다. 그때 주민들은 정말 갈 곳이 없었다.

  소설 속 이야기는 이렇게 시작된다. "사람들은 아버지를 난장이라고 불렀다. …천국에 사는 사람들은 지옥을 생각할 필요가 없다. 그러나 우리 다섯 식구는 지옥에 살면서 천국을 생각했다."

  난장이네 집이 있는 곳은 낙원구 행복동이다. 그 집은 방죽가에 지어진 무허가 건물이지만 좁은 마당도 있고, 그 마당에는 팬지꽃이 핀 꽃밭도 있다. 집을 지을 때 난장이와 그의 아내는 도랑에서 돌을 져 와서 그것으로 계단을 만들고 벽에도 시멘트를 쳤다. 세 명의 아이들이 그 집에서 자라났고, 방 한 칸은 세를 주었다. 선거 때가 되면 사람들이 하루에도 몇 차례씩 떼를 지어 동네를 돌며 동네 사람들에게 허리를 굽혀 인사를 하곤 했다. 그때마다 그들은 개천에는 다리를 놓고 도로를 포장하고, 동네 집들은 양성화 시켜 주겠다고 약속 했다.

그 동네에 무허가 건물 철거 명령이 떨어졌다. 아파트 입주 권리가 주어졌다. 분양아파트는 50만 원, 임대아파트는 30만 원만 내면 된다. 시에서 주는 이주보조금은 15만 원이다. 임대아파트의 경우 15만 원만 더 있으면 아파트 주인이 된다. 그러나 난장이네는 이주보조금 15만 원을 받으면 세든 사람에게 그 돈을 내주어야 한다. 15만 원에 세를 놨으니까. 오롯이 30만 원이 있어야 임대아파트라도 들어갈 수 있다. 낙원구 행복동에 사는 주민들 대부분이 하루 벌어 하루 먹고사는 사람들이다. 난장이네 가족 5명도 모두 열심히 일을 하고 있다. 난장이는 수도 고치는 일, 아내와 이제는 장성한 아들들은 공장에서, 딸은 빵집에서 일한다. 그러나 박한 임금 탓에 아직 모아 놓은 돈은 없다. 그들은 할 수 없이 입주권을 팔 수밖에 없다.

이 내용들은 소설 속 허구가 아니라 바로 사실 그대로였다. 그때 잠실 아파트 입주권이 집주인에게 주어졌는데 입주에 필요한 돈을 마련할 수 있는 집은 많지 않았다. 대부분 투기꾼의 손에 딱지로 팔려 나갔다. 판자촌이 철거되면서 거기 살던 사람들이 여기저기 흩어졌다. 하지만 갈 곳 없는 사람들이 너무 많았다. 그때, 마치 돈키호테 같았던 목사님이 "하늘은 스스로 돕는 자를 돕는다. 혼자서 넘어진 것을 함께 뭉쳐서 일어나자."고 외치며 절망한 그들에게 엑소더스Exodus의 꿈을 심어 주었다.

그때 경기도 화성군 남양만에 갓 간척을 끝낸 땅이 있었다. 교회에서는 그곳에 가서 살게 해 달라고 정부에 탄원했다. 그러나 정부는 허락하지 않았다. 판자촌에 사는 사람들을 믿을 수 없었다. 무능하고 나태하다는 인식이 뿌리 깊었기 때문이다. 교회는 그런 중에도 정부를 설득하며 귀농 사업을 추진했다. 수많은 귀농 신청자가 몰려들었다. 그중 우선 1차로 100세대를 선정했다. 그들이 귀농하여 농사를 잘 지을 수 있다는 증명 자료가 필요했다. 100세대 실태조사는 지역조사 담당자인 내가 맡았다. 조사 결과는 좋았다. 엄마는 행상으로, 아빠는 막노동으로 열심히 살아가는 사람들이었다. 서울로 오기 전에는 대부분 농민이었다는 사실도 희망적이었다. 조사 결과는 한 권의 책으로 만들어 정부에 제출하고, 개발도상국 지역개발 활동을 돕는 서독의 기독교 단체에도 보내 후원을 요청했다. 간척한 땅에서 소출이 나기까지 생활비, 개발비 등의 비용이 많이 필요했기 때문이다.

그해 여름이 끝나갈 무렵 기쁜 소식이 들려왔다. 교회에서 원하던 남양만 간척지를 정부가 청계천 사람들에게 내주기로 했다는 것이다. 그곳이 지금의 남양만 두레마을이다.

교회와 100세대 귀농자가 남양만으로 떠나갈 때 나는 그곳에 따라갈 수가 없어 어린이집 교사를 하기 위해 휴학했던 학교로 복학했다. 다시 학교로 돌아갔을 때 조세희의 소설을 읽은 것이다.

철거 당시, 그곳은 전쟁터 같았다. 철거반원들이 들이닥쳐 판잣집을 부수면 주민들은 그곳에 천막을 치고 살았다. 다시 철거반원들에 의해 그것마저 부숴지면 거기 남은 판자와 천막으로 다시 집을 지었다. 부수면 다시 짓고, 또 부수면 다시 짓고. 하루에도 몇 번씩 전쟁터 같은 판자촌을 헤집으며 슬프고도 살벌한 전투를 지켜보았을 때도 나는 울지 않았다. 그런데 『난쏘공』을 읽으며 울고 또 울었다. 왜 그렇게 가슴이 미어졌을까. 시간이 지난 후 생각하니 그것이 문학의 힘이었다. 문학만이 줄 수 있는 정서적

울림, 조세희의 소설은 독자에게 그것을 준 것이다.

    조세희 작가가 꿈꾸던 세상을 생각하며, 사랑의 세계는 이 땅에서 결코 이루어질 수 없는 유토피아인지 생각에 빠진다.

진진묘 眞眞妙

　재경在京 여고 동창회에는 몇 개의 소모임이 있다. 종교별·취미별 모임이 있는데 나는 미술동호회 회원이다. 한 달에 한 번 전시회장을 찾고, 같이 점심 먹으며 교제를 나눈다.
　지난 11월에는 덕수궁 국립현대미술관에서 열리고 있는 장욱진의 전시회를 찾았다. 〈가장 진지한 고백 : 장욱진 회고전〉이다. 장욱진 그림은 몇 번 다른 전시회에서 본 적이 있다. 그러나 이번처럼 많은 그림이 전시된 것을 본 것은 처음이다. 270여 점의 그림이 미술관 1, 2, 3, 4관에 주제별로 전시되어 있었다. 장욱진 미술재단이 있고 양주에 장욱진 미술관이 있으니 거기에 있는 미술품들을 모았겠지만, 개인 소장된 작품도 많이 모아 대규모 회고전이 열린 것이다. 아주 오래전 일본인에게 팔렸던 그림까지 어렵게 구해 전시하고 있는 것을 보며 이번 전시회를 위해 애를 무척 많이 쓴 느낌을 받았다. BTS RM의 개인 소장품도 6점이 있다는데 혹시 그 작품에 너무 사람이 몰릴까 해서 어느 그림인지 밝히지는 않았다.

  장욱진은 우리나라 사람들이 박수근·이중섭·김환기만큼 좋아하는 화가이다. 우리가 전시회장에 간 날이 전시회 시작 후 두 달이 된 날인데도 사람들이 참 많이 왔다. 도슨트의 그림 설명을 듣기 위해 어찌나 많은 사람이 몰려들었는지 전시관 안내인이 길을 내 달라는 부탁을 몇 번이나 하곤 했다. 까치와 어린아이와 나무와 해와 달 등의 소재들을 가지고 너무나 다양한 그림을 그렸다. 장욱진의 그림은 사람의 마음을 참 따뜻하게 한다.

  12월, 비 오는 겨울날이다. 오늘 같은 날씨에는 전시장에 사람이 많지 않을 것 같다. 나는 좀 더 조용하고 한가롭게 그림을 보러 덕수궁을 다시 찾았다. 장욱진의 그림 중 어느 하나 좋지 않은 것이 없었지만, 3관 앞쪽에 걸려 있던 〈진진묘〉가 다시 보고 싶어서였다. 3관은 '참으로 놀라운 아름다움'이라는 제목이 붙어 있다. 진진묘는 장욱진의 아내 이순경의 법명이다. 즉 이 그림은 화가의 부인상이라고 할 수 있다. 진진묘는 부처의 참된 이치를 재현하는 사람이라는 의미로 아마 그런 이름을 가졌을 것이다. 그런데 여기서는 〈진진묘〉를 참으로 놀라운 아름다움으로 해석하고 있다.

〈진진묘〉는 아내가 기도하는 모습을 보고 화상이 떠올라 그린 아내의 초상화이다. 1월의 어느 추운 겨울날, 추위 때문에 서울집에 와 있던 장욱진은 덕소 강가 아틀리에로 달려갔다. 그가 서울대 교수를 사직하고 덕소에 있는 아틀리에에서 12년 동안 그림을 그릴 때다. 문명으로 표상되는 서울을 떠나 한강이 가까이 흐르는 덕소에 화실을 꾸민 이유는 그곳이 무척 조용하고 아름다운 곳이기 때문이었을 것이다. 덕소로 가는 길이 비포장이었던 시절, 사람들은 문명을 떠나 타히티로 갔던 고갱처럼 그를 인식했다 한다. 덕소 아틀리에로 달려간 그는 어떤 영감에 사로잡혀 식음을 전폐하고, 잠도 자지 않고, 자신도 잊은 채 거의 일주일을 냉골의 방에서 작업을 했다. 목숨을 건 작업이었다. 그리고 아내에게 "당신 보여 주고 싶어서 단숨에 달려왔어. 자신 있는 그림이야."라고 했다.

그는 그때 어떤 영감에 사로잡혔을까. 아내가 기도하고

있는 모습에서 여성의 가장 아름다운 모습을 보았을까. 곰곰 생각해 보면 그는 그때 아름다움美을 창조하고 있었다고 본다. 〈진진묘〉는 어찌 보면 5살 어린 여자아이 같기도 하고, 관음보살 같기도 하다. 보면 볼수록 신비한 그림이다. 33×24cm 작은 캔버스에 심플하게 골격만을 그렸다. 그 작은 그림을 그리기 위해 근 200시간을 자신마저 잊은 것이다. 장욱진은 높은 예술가가 다다르는 경지, 회화적인 수식은 건너뛰고 골격만을 제시하는 경지에 갔다고 본다. 김정희 〈세한도〉가 그러하다. 자코메티의 조각 〈걸어가는 사람〉을 봤을 때도 그런 느낌을 받았다.

화가 장욱진은 자기가 좋아하는 일, 자기가 가장 잘하는 일을 평생 할 수 있었던 복 있는 분이다. 아주 어릴 때부터 그림을 그리지 못하게 하는 집안 어른들의 반대에 숨어서도 그리고, 매를 맞아 가면서도 그림을 그렸다. 고등학생 때인 1938년, 조선일보 주최 전국 학생 미전에서 최고상을 받으면서 집안 어른의 허락을 받게 되어 마음 놓고 그림을 그릴 수 있게 되었다. 그 후 그는 세상을 떠나기 며칠 전까지도 그림을 그렸다. 화가는 모름지기 자기의 내면세계를 그림으로 말한다고 하였다. 그는 위선을 가장 큰 죄로 알았고, 가장 진지한 자기 고백을 그림을 통해 일생동안 하였다. 그림 〈진진묘〉를 보며 그의 말을 다시 되새긴다.

"그림을 그린다는 것은 미의 승리를 확신하고 캔버스를 향해 감행하는 영혼의 도전이 아닐까."

글을 쓴다는 것 역시 마찬가지다. 작가는 자기의 내면세계를 글로 말한다. 위선을 멀리하고, 진실을 향해 감행하는 깨달음의 도정道程이다. 특히 수필은 더욱 진지한 자기 고백이다.

흩어져 있는 그림을 모아 대규모의 회고전을 또 할 수 있을까. 한 점 한 점 너무나 아름다운 그림, 270여 점을 다시 한 자리에서 볼 수 있을까. 그의 분신 같은 까치, 온 세상을 품은 우주 같은 나무가 눈에 선하다. 전시회가 끝나기 전에 나는 까치, 나무와 함께 〈진진묘〉를 보기 위해 한 번 더 갈 것 같다.

걸어가는 사람

 죽음을 항상 기억하며 사는 사람의 죽기 전의 사진은 특별한 데가 있다. 문을 향해 뚜벅뚜벅, 문을 열고 뚜벅뚜벅 걸어가는 사람.

 한 남자가 혼자 비를 맞으면서 길을 건너고 있다. 그가 우의 대용으로 입고 있는 코트는 머리를 덮기 위해서 훌쩍 들어 올려진 상태이다. 빗속을 걸어가는 남자, 그는 어디로 가는가. 이 한 장의 사진은 조각가 자코메티가 세상을 떠나기 9개월 전 생시의 모습을 촬영한 앙리 까르띠에 브레송의 작품인데 그가 세상을 떠난 지 1주일 뒤에 파리 『마치지』에 실렸다. 우산 하나 쓰지 않고 외투로 비를 피하며, 정면을 응시하며 걷는 모습에서 '영혼'에서부터 '육적인' 것까지 해탈해 버린 듯한 구도자의 모습을 발견할 수 있다고 하여 당시 엄청난 화제를 모았다.

전쟁이 남긴 폐허와 상흔, 허무와 불안을 딛고 인간 본연의 실존과 마주하며 뚜벅뚜벅 걷는 인간 형상, 더 이상 걷어낼 게 없는, 철사처럼 가늘고 긴 인간 형상을 만들어 〈걸어가는 사람〉을 조각한 자코메티는 말했다. "마침내 나는 일어섰다. 그리고 한 발을 내디뎌 걷는다. 어디로 가야 하는지, 그리고 그 끝이 어딘지 알 수 없지만, 그러나 나는 걷는다. 그렇다 나는 걸어야만 한다."

젊은 시절 사람의 죽음을 바로 옆에서 목격했던 그는 인간에게 있어서 산다는 것이 너무 허망하고 덧없는 것임을 깨달았다. 그는 '인간이 산다'는 의미와 그 '본질'이 무엇인지를 탐구하기 시작했다. 그가 평생을 통해 성찰한 인생과 삶에 대한 해석, 〈걸어가는 사람〉처럼 부스러질 것 같은 연약함을 가졌지만, 부스러지지 않게 단단히 굳은 의지를 다져서 미래를 향해서 걸어가야 한다는 것이다. 영원히 살아있는 조각을 만드는 것이 그가 그토록 두려워했던 '죽음'을 극복하는 일이었다. 자코메티 작품 전시회장에서 그의 작품 못지않게 구도자적인 모습의 사진이 크게 마음에 와 닿았다.

또 한 장의 사진이 있다. 이어령 선생의 모습이다. 돌아가시기 한 달 전 자택에서 두 손을 탁자에 올린 채 깍지 끼고 의자에 앉아 누군가와 대화를 나누는 모습이다. 품위 있게 빗어 넘긴 백발, 호기심의 우물이 찰랑대는 검은 눈동자, 좀 살이 찐 듯했던 예전의 얼굴이 아니다. 평소의 선생 얼굴과 다른, 골상이 다 드러난 바짝 마른 모습이다. 이렇게 마른 모습, 예전의 모습을 기억하는 사람들이 다 놀라게 될 듯한 사진이다. 나라면 보여주고 싶지 않을 얼굴일 텐데 그는 전문사진사를 불러 사진으로 남겼다. 빼빼 마른 얼굴이지만 그의 눈빛은 형형하다. 그리고 평소의 그답게 여전히 말을 하고 있다.

이 사진은 나에게 깊은 충격과 감동을 주었다. 평생 죽음을 기억하며 축제 속에 죽음이 있고 가장 찬란한 대낮 속에 죽음이 있다며 메멘토 모리를 평생의 화두로 사셨던 분이다. 대부분 사람은 했던 말과 죽음을 앞두고 하는 행동과는 다르다. 그러나 선생은 죽음을 앞두고 정말로 굳은 의지로 걸어가는 모습을 보였다. 암 선고를 받았지만, 하루 6시간 암 치료를 위해 병원에서 보내기보다 그 시간에 글을 더 쓰겠다고 하였다. 젊은 시절 지성으로 한국인의 정신을 이끌었다면 말년에는 삶과 죽음에 대한 깊은 깨달음으로 우리를 숙고하게 했다.

"계절이 바뀌고 해가 바뀌었을 때도 또 꽃을 볼 수 있을까 하는 생각이 들 때 비로소 꽃이 보인다. 암 선고를 받고 내일이 없다는 이야기를 듣고 난 후에 역설적으로 가장 농밀하게 산다."라고 했다.

자신의 정체성을 우물을 파는 자라고 한 선생은 단지 물을 얻기 위해 우물을 파지는 않았고 미지에 대한 목마름, 도전이었다고 한다. 이제 그 마지막 우물인 죽음에 도달한 것이고 뒤늦게 깨달은 생의 진실은 모든 게 선물이었다고 말한다. 인생은 선물이었다는 선생의 마지막 말이 가슴에 크게 와닿는다.

내가 이어령 선생을 처음 알게 된 것은 고등학교 1학년 때다. 어느 날 국어 선생님이 학과 수업은 하지 않고 우리에게 아주 좋은 글이 있다며 〈하나의 나뭇잎이 흔들릴 때〉라는 수필 한 편을 낭송해 주었다. 그해 발표된 수필집을 읽고 국어 선생님은 너무 감동을 받아 무척 흥분상태였는데 그 감동이 우리에게도 오롯이 전해졌다.

하나의 나뭇잎이 흔들릴 때 우주의 숨결이 스쳐 지나가는 것과 다시 어둡고 색채가 죽어 버린 흙 속으로 떨어지는 나뭇잎을 본다고 하였다. 이어령 선생이 젊은 시절에 쓴 이 글은 죽음을 말하고 있다.

내가 다닌 대학이 선생이 재직한 곳이라 같은 과는 아니지만 나는 선생의 글을 읽고 강연을 찾아 듣곤 했다. 선생은 우리와 같이 호흡하며 같은 시대를 살며 무딘 감성을 깨웠다.

무엇보다도 마지막, 선생의 죽음을 맞이하는 모습은 더 큰 감동이었다. "죽음이 어떻게 생겼는지 한번 봐야겠다는 표정"으로, 허공을 또렷하게 30분 정도 응시하면서 "죽음마저 관찰하는 듯했다." 한다. 손주들과 영상통화 후 가족예배를 드렸고 그 이후 숨이 점점 옅어지면서 하늘로 떠났다. 선생은 먼저 세상을 떠난, 그가 사랑했던 딸을 만나러, 딸이 있는 세계로 한 발을 씩씩하게 내딛고 걸어가신 것이다.

내 마음속 보리암

눈이 내린다. 앞이 보이지 않을 정도로 굵은 함박눈이 쏟아진다. 광교산에 내리는 눈은 아파트 마당으로 떨어지는 눈보다 속도가 느린 것 같다. 광교산 자락에 이사 온 후 처음 보는 함박눈에 풍경 하나가 소환된다. 오래전 남해 금산에서 만났던 눈이다.

고등학교 1학년 겨울방학 때, 같은 반 친한 친구 네 명과 함께 일주일간의 남해 여행을 했다. 한 친구의 고향이 남해였는데 남해는 금산錦山과 보리암이 멋있다고 하며 친구들을 부추겼다. 남해에 도착하여 그의 고향 마을에서 며칠을 머물다 보리암을 향해 떠났다. 당시의 교통편으로는 금산까지 가는 길이 쉽지 않았다. 저물녘에야 금산 아랫마을에 도착한 우리는 한 허름한 여관에서 하룻밤을 지내야

했다. 새벽에 일어나 부엌을 빌려 밥을 하고 김밥을 쌌다. 시골의 어둠은 무서울 만큼 너무 캄캄해서 우리는 환해지기를 기다려 길을 나섰다. 보리암 가는 길은 멀고 험했다. 등산길을 따라 걸어 올라가며 가져간 김밥으로 요기를 하고 몇 시간을 걸었다. 보리암 가는 동안 산에서 만난 건 나무와 하늘, 바람과 햇살뿐이다. 한겨울이고 특별한 날도 아니었으니 기도하러 가는 사람도, 등산객도 없었기 때문이다.

　보리암은 아주 조그마한 암자였다. 스님 한 분과 부엌일을 하는 보살 할머니가 계셨다. 두 분은 사람이 그리웠는지 도시에서 온 여학생들을 무척 반겨주었다. 할머니는 당신이 쓰는 방을 내어주었는데 아늑하고 방바닥이 아주 따끈따끈했다. 스님은 이야기하기를 좋아했다. 새벽 예불을 위해 일찍 일어나야 했음에도 밤늦게까지 법당에서 우리와 이야기를 나누었다.

　다음 날 아침, 마당으로 나왔을 때 본 그 멋진 풍경은 난생처음으로 보고 느낀 경이였다. 보리암은 깎아지른 절벽 위 바위틈에 안겨 있었고, 마당에 서니 저 멀리 수평선 아래 남해가 보이는데 크고 작은 섬들과 호수처럼 잔잔한 푸른 바다, 상주 해수욕장 은모래 해변이 가까이 보이고 그 주변 마을이 평화롭게 있는, 참으로 눈부신 풍경이 눈앞에 펼쳐져 있는 것이었다. 아침 햇살에 이 모든 풍경이 더욱 빛났다.

스님이 금산을 구경시켜 주었다. 금산은 기암괴석이 많은 산이다. 바위들에 얽힌 이야기를 들려주었고, 원효, 의상, 이성계가 기도했던 곳, 전망이 가장 아름다운 곳으로 안내했다. 스님의 발걸음이 참 독특했는데 마치 춤을 추듯 사뿐사뿐 가볍게 걸음을 걷는 것이었다. "스님, 곧 사명대사처럼 축지법도 쓰시겠어요." 한 친구의 말에 우리는 다 같이 웃었다.

암자로 돌아오던 길, 그리 추운 날씨는 아니었는데 갑자기 눈이 오기 시작했다. 조금씩 날리던 눈은 점점 함박눈으로 바뀌었다. 높은 산을 다 덮을 듯이 눈은 펑펑 쏟아져 나뭇가지마다 눈꽃을 피웠고 세상은 하얗게 변해갔다. 깊은 침묵 속에 묻혀 있던 산이 눈으로 인해 깨어나서 반짝거리는 새로운 세상이 되었다. 그 아름다운 변신에 우리는 동화 속의 겨울왕국에 온 듯 황홀해하며 그 풍경을 가슴에 담았다. 우리는 눈을 맞으며 환희에 차서 마치 초등 1학년처럼 뛰고 놀았다. 몇 시간 후 눈이 그치고 눈雪에 점령당한 산은 다시 순백의 침묵 속으로 들어갔다.

보리암에서 이틀 밤을 지내는 동안 우리는 밤늦도록 스님의 설법을 들었다. 모든 것이 사람의 마음에 기초하고 있고, 마음이 모든 존재의 근거라고 파악했던 원효의 일심사상, 하나 안에 일체가 있고 일체 안에 하나가 있다는 의상의 철학도 그때 처음 들었던 것 같다. 그 내용을 잘 이해하지 못했지만 우리는 질문하고 스님이 대답하며 꽤 심각한 인생 이야기를 나누면서 산사의 밤이 깊어갔다. 조용하고 아늑한 암자는 아름다운 산과 한 몸을 이룬 듯 산에 폭 안겨 있었다. 그때 보리암은 참으로 고즈넉한 산사였다.

  많은 시간이 지난 후 나는 다시 보리암을 찾아갔다. 차가 다닐 수 있도록 길이 잘 닦여 있어 차를 타고 가까이까지 갈 수 있었다. 차에서 내려 20분도 채 걷지 않아 보리암에 도착했다. 이전에 그렇게 조용하고 아담하던 기도처는 웅장한 절집과 바다를 바라보는 거대한 해수관음상이 서 있는, 수많은 사람이 찾는 복잡한 곳이 되어있었다. 내 기억 속에 존재하던 보리암이 사라진 것이다. 내 마음속에 있던 보리암은 마치 신비하고 은은한 색을 띤 소박한 고려청자와 같은 것이었는데 화려한 문양과 색깔을 자랑하는 중국의 자기가 된 것 같았다.

시간은 많은 것을 변화시켰다. 사람이 만든 인공적인 것들은 다 바뀌었다. 그런데 변하지 않은 것이 있었다. 보리암 그 절벽 위에서 내려다보는 바다와 남해 금산의 바위들이다. 살면서 오래 머물기도 하고 잠시 스쳐 가기도 한 수많은 장소가 있다. 어떤 곳은 사라졌고, 어떤 곳은 변했고, 또 어떤 곳은 영원한 듯 그대로다. 사람 역시 그렇다. 열일곱 소녀들은 엄마가 되고 할머니가 되었다. 하지만 변하지 않은 것이 있으니 함께 했던 친구들에 대한 사랑이다.

어떤 풍경은 그대로 가슴으로 들어와 몸의 일부가 된다. 잊고 있다가도 그 풍경을 다시 만날 때 이상한 일이 일어난다. 몸이 느끼는 반응. 광교산에서 함박눈이 내 머리에, 내 손등에 닿는 순간 보리암에서의 일, 그 환희가 고스란히 되살아났다. 내 몸의 감각은 분명히 기억하고 있었다. 수십 년이 지났지만, 산에 내리는 함박눈을 보니 그때 일이 생물처럼 다시 되살아난다.

9,500km 자동차 여행

프롤로그—반딧불이가 보고 싶어

 새 소리에 눈을 떴다. 창문을 열고 밖을 보니 벌써 훤하다. 집 바로 앞에 있는 호수에서는 청둥오리 수십 마리가 물 위를 미끄러지듯이 아침 산책을 즐기고 있다.

 어젯밤, 잔디밭과 호수 주변 숲에서 수백 마리의 반딧불이가 불을 밝히는 것을 보았다. 난생처음 보는 광경이었다. 어둑어둑해질 무렵, 잔디 위 여기저기서 작은 불빛들이 올라왔다 사라지더니 어느 순간 호숫가 풀숲에서 무리 지어 반짝거렸다. '맞다. 크리스마스트리' 미국에 사는 딸이 "엄마, 여름에 우리 집에 꼭 놀러 오셔야 해요. 집 앞 호숫가에 반딧불이가 크리스마스트리처럼 반짝여요."라고 했던 바로 그 광경이었다. 밤이 깊어지자 활동이 약해지며 숫자가 줄었다.

딸은 미국 일리노이주에 있는 작은 도시에 살고 있다. 이번 여름휴가 여행을 같이 가지는 권유에 여행도 하고 반딧불이도 보고 싶어 미국에 왔다.

1. 23박 24일 긴 여행의 시작

23박 24일의 긴 여행의 시작일이다. 로키산맥 일대, 미국과 캐나다 국립공원 여러 곳을 찾아가는 일정이다. 8인승 밴에 짐차를 뒤에 매달고 남편과 나, 사위와 딸, 2살 손녀, 6살 손자와 3대가 함께 하는 여행이다. 아침에 일어나니 딸은 벌써 김밥을 싸고 있다. 아침을 김밥으로 먹고 점심도 김밥을 먹을 거라고 한다. 2주, 3주씩 장기간 여행을 많이 다닌 딸아이는 여행 다니며 외식은 거의 하지 않고 주방 있는 호텔에서 해 먹는다며 밑반찬과 먹을거리를 아이스박스와 짐차에 가득 실었다. 음식 하는 것이 엄마 눈에 힘들게 보여도 자기는 항상 그렇게 해 왔기 때문에 전혀 힘들지 않으니 그냥 봐 달라며, 엄마는 여행만 즐기라고 한다. 미국에 몇 년 사는 동안 딸은 말할 수 없이 억척이 되어 있다. 한국에서 여행할 때 음식을 사 먹고 간편하게 다니던 나는 그 많은 짐을 보니 벌써 질린다.

2. 인디언 마을

아이오와주와 사우스타코다주 경계에 있는 수폴스에 도착했다. 계속 옥수수밭과 콩밭의 연속이었고 대평원이 이어졌다. 한국에서 보기 힘든 지평선을 원 없이 보았다. 여긴 수우족을 포함하여 인디언 9부족 7만 명의 인디언이 살고 있다고 한다. 수우족은 스스로를 다코타, 라코타라고 한다. 아이오와도 인디언 부족의 이름이다.

미주리강을 끼고 아주 평화롭고 아름다운 마을에 인디언 문화센터와 요셉 신부님이 만든 인디언 어린이학교가 있다. 문화센터에는 인디언들의 옛날 생활상, 물건들을 전시하고 있다. 인디언 남자와 여자가 어떻게 성장했는지, 어떤 옷을 입었는지 어떻게 사냥을 하고 농사를 지었는지 등을 보여준다. 아주 작은 구슬로 엮어 만든 장식품들은 색깔이 화려하고 정교했으며, 도자기의 문양이 독특하면서 아름답다. 문화센터에서 인디언 전래동화 한 권을 샀다.

영화 〈늑대와 춤을〉 배경이 된 지역도 보았다. 북미

인디언을 생각하면 마음이 씁쓸해진다. 『동물기』의 저자 시튼은 인디언들과 교류하며 관찰하여 『인디언, 영혼의 노래』라는 책을 썼는데 인디언이야말로 가장 영적이고 이타적인 사회성을 갖춘 종족이라고 했다. 그 넓은 땅의 주인이었던 그들이 이제는 소수만 살아남아 무척 가난하게 살고 있다.

와이오밍주 데빌스타워Devils Tower 캠핑 그라운드에 밤 10시경에 도착했다. 데빌스타워는 미국 최초의 천연기념물이다. 통나무집cabin의 테라스에 돗자리를 깔고 드러누워 하늘의 별을 본다. 어제 배드랜드 국립공원에서 본 은하수는 없지만 밤하늘 가득한 별빛이 가슴으로 흐른다. 이번 여행은 정말 꿈에 그리던 일들을 경험한다. 별이 쏟아지는 곳에 드러누워 하늘의 별을 보는 것이 소원이었는데 그 소원을 이루고 있다. 별을 보며 알퐁스 도데의 별을 생각했다.

캐빈 바로 옆에 데빌스타워가 있다. 스틸버그 감독이 영화 〈미지와의 조우〉를 찍었던 곳이다. 인디언들이 힐링을 했던 신성한 산, 용암이 쏟아져 흘러내리며 그대로 굳어져서 마치 종처럼 생긴 바위산이다. 그 형태가 너무 특이해서 외계인과 만나기 적당한 비현실적인 장소인 것 같다.

3. 옐로스톤 국립공원과 6개의 국립공원

옐로스톤 국립공원으로 가기 전 설산과 호수가 아름다운 그랜드티턴 국립공원 내에 있는 숙소lodge에서 일박을 했다. 만년설로 덮인 해발 3,000m가 넘는 설산들이 병풍처럼 서 있고 그 앞으로는 거대한 코발트빛 호수가 바로 눈 앞에 펼쳐진 곳이다. 거울처럼 잔잔한 호수에 그 풍경이 그대로 반사되어 더욱 멋진 풍광을 만든다. 산봉우리들 중 하나의 이름이 모란봉Mt. Moran이다. 옐로스톤과 그랜드티턴에 대한 그림을 남긴 것으로 유명한 풍경화가 토마스 모란의 이름을 따서 지었다고 하는데 이름 때문에 아이들이 특히 좋아하는 것 같다. 커피 한 잔을 들고 테라스에 앉아 바라만 보고 있어도 가슴이 벅찼다. '태초의 세상이 저러했을까?'

옐로스톤 국립공원 내에 있는 숙소에서 2박을 했다. 밖에서 자고 다시 공원 안으로 들어오려면 많은 시간이 걸리는데 오롯이 2박 3일 동안 국립공원 내에서만 있을 수 있어 많은 것을 볼 수 있었다. 첫날 공원 안으로 들어가는 길에 차들은 움직이지 않고 많은 사람이 차에서 내려 어딘가를 보며 환호를 하고 있었다. 우리도 멈춰 서서 무슨 일인가 하고 보니 저 멀리 숲에 어슬렁거리는 곰 한 마리가 보였고 레인저가 사람들에게 가까이 가지 말라고 경고하고 있었다. 공원 안에는 엄청나게 큰 곰들이 있으니 가까이 갔다가 사고를 당할 수도 있다고 했다. 사람들은 이동하지 않고 카메라에 곰을 담느라고 야단들이었다.

또 가장 인상적이었던 것은 어린 새끼를 데리고 있는 엄마 버펄로(아메리카 들소)들을 포함해서 백 마리가 넘는 버펄로 무리가 도로를 건너고 호수를 헤엄쳐서 이동하는 것을 본 것이다. 사람들은 차 안에서 들소들이 길을 다 건널 때까지 1시간을 꼼짝도 않고 기다려주었다. 옛날 북미에는 수천만 마리의 버팔로가 살았고 그들은 떼를 지어 천지를 진동하는 듯한 소리를 내며 대륙을 횡단했다고 하는데 이제는 소수의 버팔로만이 보호구역에서 살면서 이렇게 천천히 길을 건너고 있었다.

4. 진찰 한 번에 500불

손자 손녀가 아직 어린데도 여행을 곧잘 한다. 차 안에서도, 휴게소 잔디에 돗자리를 깔고 쉴 때도 무척 즐거워하며 깔깔대고 잘 놀았다. 그렇게 잘 놀던 손녀에게 문제가 생겼다. 데빌스타워 숙소에서 빈대에 물렸는지 몸에 알레르기가 생긴 것이다. 병원에 가야 할 것 같은데 딸은 병원에 갈 생각은 하지 않고 마트에 있는 약국에서 약만 사서 발라주었다. 하루가 지나자 더 심해졌다. 아이는 괴로운지 짜증을 내며 자꾸 울었다. 바로 병원에 가야 할 만큼 심각해 보이는 데도 머뭇거리고 미루더니 결국에는 할 수 없이 옐로스톤 공원 내에 있는 진료소에 들렀다. 그런데 의사가 한번 진찰하고 약 주는데 500불이 넘게 나왔다. 여긴 딸네 집과 주가 달라 보험금 청구도 안 될 거라고 한다. 우리 돈으로 60만 원 가까운 거금을 병원 한번 갔다가 냈다.

　미국에 사는 우리 교포들이 병원에 가지 못하다가 병을 키운다는 말이 실감 났다. 집 가까이 바로 갈 수 있는 병원이 있고 단돈 몇천 원으로 전문의 진료를 받고 약을 살 수 있는 우리나라 의료체계에 고마움을 절감했다.

5. 우리나라 제품

　자동차 여행을 하다 보니 자연히 고속도로나 주차장에 있는 차들에 눈이 간다. 놀랍게도 일본 차의 미국 점령이라는 느낌을 지울 수가 없다. 10대에 7대꼴인 것 같다. 도요타와 혼다가 가장 많이 눈에 뜨이고 닛산, 마쯔다, 미쓰비시도 자주 보인다. 어떻게 이럴 수가 있을까 하다가도 우리 현대차나 기아차가 지나가면 먼저 반가운 마음부터 든다.

호텔에 가면 어디서나 LG나 삼성 텔레비전이다. 아 여기도 우리 제품이네! 그러나 왜 미국 사람들은 자기 나라 제품을 애용하지 않을까 하는 생각은 들지 않는다. 다만 기분이 좋을 뿐이다. 일본 차가 너무 많은 것은 마음에 걸리면서도 우리나라 가전제품이 미국을 점령한 것처럼 보이는 것은 기분이 좋으니 사람의 마음이 참 간사하다는 생각이 든다.

에필로그—작은 호수 위의 반딧불이

긴 여행을 무사히 마치고 밤 9시가 넘어 집으로 돌아왔다. 6000마일(9,500km)의 긴 자동차 여행이었다. 집 앞 테라스로 나갔다. 그동안 미국의 4개 국립공원과 캐나다의 3개 국립공원에서 지냈다. 캐나다 밴프와 제스퍼 국립공원에서 보았던 세상에서 가장 아름다운 에메랄드 빛깔의 호수들, 가문비나무, 전나무 숲은 결코 잊지 못할 것이다.

　오랜만에 집 앞 작은 호수가 보고 싶었다. 여전히 잔디와 수풀에 반딧불이가 반짝이고 있다. 호수도 반짝거렸다. 물 위에도 반딧불이가 있나 싶어 가까이 가보니 놀랍게도 둥근 달이 떠 있다. 보름 전 날이라 그 달이 호수에 비춰 달빛이 반짝이고 있는 것이다.

　세상에서 가장 아름답다는 풍경들을 몇 주 동안 보고 돌아왔다. 그런데 한 번도 눈물을 흘린 적은 없다. 다만 너무 감격해서 가슴이 먹먹한 적은 있다. 그런데 작은 호수 속에서 빛나는 달을 보자 눈물이 왈칵 쏟아졌다. '아, 이태백이 달을 건지려고 물에 뛰어들었다더니 이런 느낌이구나.' 한참 동안 뛰는 가슴이 잠잠해질 때까지 가만히 그 아름다운 풍경을 보고 서 있었다.

2부

돌의 기억

  돌들은 사람들이 다 돌아간 후 이렇게 말했을 것이다.
  "우리 돌들보다 더 많은 사람들이 모였어. 파도처럼 끊임없이 몰려들었지."
  먼 훗날까지, 몸이 부서지고 깎여 모래알이 될 때까지, 돌들은 이 일을 결코 잊지 않고 소곤거릴 것 같았다.

돌의 기억

거미의 건축법

제주의 색

4·3 평화공원에서

따라비 오름에 올라

등대처럼

고속도로 휴게소

백제의 미소

돌의 기억

 에메랄드빛 바다가 시커먼 기름덩이로 검은 바다가 되었다. 은빛으로 빛나던 모래사장으로 검은 파도가 밀려들었다. 모래사장은 물론 바닷가 바위와 돌들까지 검게 변했다. 그 속에서 살던 모든 생명이 죽어갔다. 양식 중이던 굴, 바지락, 김은 폐사했다. 돌에 붙어살던 조그마한 고둥과, 돌 사이사이를 기어 다니던 작은 게들도 시름시름 앓다가 죽고 말았다. 바닷새는 시커먼 기름을 뒤집어쓴 채 영문을 몰라 몸부림쳤다. 15년 전 겨울, 태안 바닷가 모습이다.

 '태안의 기적'이 유네스코 세계기록유산에 등재되었다. 충남 태안 앞바다에 정박해 있던 초대형 유조선에 크레인선이 충돌해 엄청난 양의 기름이 쏟아진 사고가 있었다.

전문가들은 몇십 년이 지나도 결코 바다와 생태계가 회복되지 못할 것이라고 예측했다. 그 예상을 깨고 단시간에 회복한 모든 과정이 위대한 기록물로 남았다. 그렇게 생산된 기록물이 무려 22만 건이 넘는다고 한다. 유네스코에서는 그중에서도 특히 자원봉사자들의 활동에 주목했다. 123만 명이라는 어마어마한 사람들이 바다를 다시 살리는 일에 동참한 것이다.

 기록 유산 등재 뉴스를 듣자 그 당시의 일이 생생하게 떠올랐다. 사고가 생긴 지 며칠 지나지 않아 교회에서 기름 제거 작업에 나갈 봉사자를 모집했다. 아마 어린 아이들과 연로해서 도저히 건강이 안 되는 분들을 빼고는 다 신청했을 것이다. TV에서는 계속해서 그곳 바닷가 주민들이 눈물 흘리며 맨손으로 타르 덩이를 떠서 쓰레기봉투에 담는 모습, 부직포가 모자라 헌 옷가지로 기름을 걷어내고 있는 모습들을 보여주고 있었다. '가서 돌이라도 닦자.' 봉사자 대부분은 그런 마음이었을 것이다. 직장에 다니는 사람들은 휴가까지 냈다. 교회에서 버스를 대절하고 도시락을 준비했다. 고무장갑과 못 쓰는 수건, 헌 옷가지, 갈고리 등은 각자가 준비해 갔다.

 우리 교회에서 대절한 대형 버스는 20대가 넘었다. 새벽 6시에 버스는 겨울바다를 향해 떠났다. 몇 시간을 달려 만리포 해수욕장에서 조금 떨어진 해안에 도착했다. 현장에서 우주복처럼 생긴 옷을 받아 옷 위에 입었다. 얼굴은 마스크로 가리고, 손에는 기다란 주황색 고무장갑을 끼고, 장화를 신었다. 사고가 난 지 일주일이 지났지만 기름 냄새가 지독하고, 바위와 돌들은 기름에 덮여 있었다. 다행히 바다에 있던 기름은 많이 제거된 후인지 검은 파도는 아니었다.

 우리가 작업할 장소는 평소 사람들이 잘 찾지 않는 구석진 바닷가였다. 사람들이 촘촘하게 돌 위에 앉았다. 나도 검은 돌 위에 앉아 먼저 돌들 사이에 고여 있는 타르 덩이를 떠내고, 갈고리를 가지고 헤쳐 거기에 고여 있는 기름을 걷어냈다. 큰 돌은 그 자리에서, 작은 돌들은 들어서 하나하나 닦아 나갔다. 마치 아기 목욕시키듯, 끈적끈적적한 기름에 덮인 돌들을 구석구석 닦아주었다. "아, 이제 돌들도 숨을 쉬겠구나!" 그런 기분이 들었다. 그러나 닦고 돌아서면 또 밑에서 기름이 올라왔고, 깨끗이 닦았다고 해도 돌 속 깊숙이 스며들어 간 것이 어느새 몸 밖으로 빠져나와 검게 되었다. 온종일 돌만 닦았다. 밀물이 되어 그곳을 떠날 때까지 그 작업을 했지만, 검은 색이 조금 옅어졌을 뿐 크게 달라진 것은 없는 듯했다. 그러나 다음 날도 사람들이 올 것이라 믿고 바다를 떠났다.

집에 돌아오며 나는 그곳 돌들을 생각했다. 긴 세월 동안 돌들은 그 자리에 있었을 것이다. 그런데 언제 그렇게 사람들의 관심과 보살핌을 받아본 적이 있었을까. 내 옆에는 한 여중생이 앉아있었다. 예쁜 여중생은 돌이 무거워 들지 못해 아예 자기 무릎 위에 올려놓고 닦았다. 사람들이 마치 돌을 사랑하는 사람처럼 애무하듯이 헝겊으로 닦고 또 닦았다. 거기 있던 돌멩이 모두, 아마도 여러 사람들의 손에 들렸을 것이다. 엄청난 비극적인 일이 일어났지만 천 년 세월 동안 결코 경험해 보지 못한 호강을 했을 것 같다. 돌들은 사람들이 다 돌아간 후 이렇게 말했을 것이다.

"우리 돌들보다 더 많은 사람들이 모였어. 파도처럼 끊임없이 몰려들었지."

먼 훗날까지, 몸이 부서지고 깎여 모래알이 될 때까지, 돌들은 이 일을 결코 잊지 않고 소곤거릴 것 같았다.

아주 간절한 마음들이 모여 세계가 놀란 역사가 되었다. IMF 사태 때 장롱 깊숙이 간직하고 있던 아기 돌 반지까지 꺼내 들고 줄서기 했던 것처럼 그때도 그랬다. 한 사람 한 사람의 마음이 모여 거대한 물결을 이루었다. 123만 명 중의 한 사람이 되어 역사를 이룬 것이다.

거미의 건축법

 소나기가 한바탕 지나간 후였다. 빗물이 들이칠까 봐 닫았던 창문과 베란다 문을 열었다. 스무 평 남짓한 작은 시골 살림집이지만 앞마당에는 넓은 잔디가 깔리고 키 큰 야자나무, 단풍나무, 무화과나무가 서 있다. 더운 날씨에 축 처져있던 나무들이 샤워를 마친 처녀처럼 상큼해져서 마치 젖은 머리를 말리려는 듯 바람에 물보라를 날린다.

 잘 열지 않는 뒷문을 열다가 무심코 뒷마당을 보았다. 제주의 담은 현무암으로 쌓은 것이라 바람이 잘 통해서 아주 좁은 뒷마당에도 나무들이 자라 무성하다. 돌배나무와 이름을 알 수 없는 키 작은 나무들, 그 아래에는 머위가 땅을 가득 덮고 있다. 거기에서 처음 보는 신비로운 조형물을 보았다.

물을 방울방울 머금고 있는 거미집이었다. 지름이 80cm는 될 것 같았다. 얼마나 오랫동안 정성을 다해 만든 것인지 둥근 거미집이 가로 세로 정교한 기하학적 무늬로 짜여 있었다. 그 거미줄 하나하나에 작고 투명한 물방울들이 조롱조롱 매달려있는 것이다.

송알송알 싸리잎에 은구슬
조롱조롱 거미줄에 옥구슬

어릴 때 부르던 동요가 저절로 흥얼거려졌다.

거미가 어디 있나 찾아보았더니 제일 위쪽 줄 구석에 조용히 웅크린 채 달라붙어 있다. 나는 그 거미집 앞을 떠나기 싫어 아예 의자를 갖다 놓고 앉았다.

허공에 짓는 집, 그 작은 몸 어디에 저렇게 많은 건축 자재가 있어 이토록 큰 집을 지었을까? 나무와 나무 사이, 잎들을 배경으로 하여 집을 지을 때 어둡고 사람이 드나들지 않는 조용한 뒷마당에 터를 잡았겠지. 몸속, 꽁무니에서 실을 빼내어 나무 사이에 기초줄을 잇고 뼈대인 세로줄을 친 다음 저렇게 촘촘하게 가로줄을 이어갈 때 태고 때부터 그의 조상에게서 내려온 설계도대로 한 치의 오차도 없이 틀을 맞춰갔을까?

 아니 어쩌면 저건 아라크네가 변신한 거미일지도 모른다. 미네르바 여신과 베짜기 시합을 할 때 베틀에 올라가 날실을 걸고 부테를 허리에 감고 잉아에 날실을 꿴 다음 재바른 손놀림으로 씨실을 북에다 물려 날실 사이에 밀어 넣던, 그 훌륭한 솜씨에 베 짜는 여신 미네르바조차 이길 수 없었지. 화가 난 여신은 아라크네의 몸에 독초 즙을 뿌렸고 그러자 아라크네의 머리에서는 머리카락이 빠지면서 코와 입이 없어졌다. 머리는 눈에 잘 보이지도 않을 만큼 줄어들었고 몸통도 아주 조그맣게 줄어들었지. 갸름하던 손가락은 양옆으로 길어져 다리가 되고 나머지 부분은 모두 배가 되고 말았어.

 평소 징그럽게 보이던 거미의 모습이 베 짜는 처녀, 유능한 건축가처럼 다시 보였다. 시인 휘트먼이 거미를 가리켜 "조용하고 참을성 있는" 존재라 칭송했던 것도 생각났다.

 바람이 불었다. 물방울 무게 때문인지 바람 때문인지 집이 철렁하며 동그랗던 집 모양이 타원형이 되었지만 한 치의 흐트러짐도 없다. 유연하고도 단단한 집이다. 그 속에서 먹이도 구하고 안식도 취하는 기막히게 잘 지은 집이다.

　집 때문에 고민이 많은 우리 아이들 생각이 났다. 결혼하여 몇 년 동안 열심히 맞벌이하여 이제 내 집을 마련할 수 있나 했는데 너무 터무니없이 집값이 올라버려 다시 셋집에 주저앉고 말았다. 아무리 절약하고 돈을 모아도 턱없이 가파르게 오르는 집값 때문에 절망하는 젊은이들. 그들 몸속에서도 건축자재가 원할 때마다 무궁하게 나와서 어디 빈 좋은 자리 잡아 예쁜 집을 지어 살 수 있다면 얼마나 좋을까, 터무니없는 생각에 잠긴다.

제주의 색

　제주도 서쪽에 위치한 해안 마을에서 잠시 산 적이 있다. 대문 밖을 나서면 밭들이 펼쳐져 있고, 큰길을 건너면 가까이 바다가 있었다. 새벽에 수탉의 우렁찬 울음소리에 잠을 깨곤 했는데 제주에서도 특히 바람이 센 지역이라 바람 소리에 잠을 깬 적도 많았다. 서울에서 늦게 자고 늦게 일어나던 습관도 바뀌어 제주에서는 아침 일찍 산책을 나가 올레길을 걷곤 했다. 마을에는 할머니들이 많았는데 그들의 부지런함에 매번 놀랐다. 커다란 모자 위에 세수수건을 걸치고 헐렁한 바지에 낡은 셔츠 차림으로 농사용 엉덩이 방석을 깔고 밭에 앉아 아침 일찍부터 일하고 있는 제주 할망들을 볼 수 있기 때문이다.

　꾸불꾸불한 밭담과 그 속에서 자라는 작물들이 아름다

운 조화를 이루고 어느 곳에서도 볼 수 없는 색의 향연이 펼쳐지고 있는 곳, 현무암 검은 돌과 초록의 조화가 아름다웠다. 비 오는 날 올레를 걷다 보면 평소에는 조금 거무튀튀하게 보이던 현무암이 비에 젖어 새까맣게 윤을 내고, 시원한 빗방울에 식물들은 더욱 싱싱해져 짙은 초록을 띠고 있다. 검은색과 초록의 조화가 더욱 아름다웠다. 나에게 제주의 색은 초록과 검정이다. 사람마다 제주의 색에 대한 이미지는 다르겠지만 유채꽃의 노랑, 바다의 초록과 파랑 때문인지 대체로 초록, 파랑, 노랑이다. 그런데 이번 제주 여행에서 뜻밖의 색을 발견했다. 황갈색이다. 하늘도 바다도 섬도 온통 황톳빛이다.

굵은 줄로 얽은 초가지붕, 태풍으로 쓰러질 듯한 바닷가 주변의 초가, 무너질 것처럼 구멍 듬성한 현무암 돌담, 조랑말, 돌담 위에 앉아있는 까마귀들, 그림 속 풍경은 분명히 제주다. 제주 밖에서는 볼 수 없는 풍경인데 화폭은 전체가 황갈색으로, 형태는 검은색으로 묘사되어 있는 제주의 풍경들, 서귀포시 기당미술관에서 만난 변시지의 그림이다. 눈 부신 태양, 아열대식물의 싱싱한 풍광, 반짝이는 바다, 현란한 색조로 넘실대는 제주에서 어떻게 이런 황갈색의 그림이 나올 수 있을까? 변시지의 그림을 보고 느낀 첫 번째 의문이었다.

그는 20대에 벌써 일본에서 크게 이름을 떨쳤고, 30대에 고국으로 돌아와 서울대학교에서 학생들을 가르쳤다. 그 후 김환기 등 한국 화가들의 해외 진출 붐이 있을 때 유럽으로 가지 않고 변시지는 고향 제주로 돌아왔다. 6세 때 떠난 제주로 돌아온 것이다. '나는 누구이고 어디에서 와서 어디로 가는가?' 자기 정체성에 대한 의문으로 고민하고, 독창적인 자신만의 그림을 위해 몸부림치다 황갈색과 먹의 색조를 만났다고 한다.

"아열대 태양 빛의 신선한 농도가 극한에 이르면 흰빛도 하얗다 못해 누릿한 황톳빛으로 승화한다. 나이 오십에 제주의 품에 안기면서 섬의 척박한 역사와 수난으로 점철된 섬사람들의 삶에 개안했을 때 나는 제주를 에워싼 바다가 전위적인 황톳빛으로 물들어 감을 체험했다."

그가 유레카를 외치며 했던 말이다.

한라산이 가까이 보이는 곳에 위치한 기당미술관 2층에는 변시지 그림 25점이 상설 전시되어 있었다. 철사처럼 가늘고 긴 인간 형상을 만들어 〈걸어가는 사람〉을 조각한 자코메티의 조각을 봤을 때와 같은 감동이었다. 자코메티는 전쟁이 남긴 폐허와 상흔, 허무와 불안을 딛고 인간

본연의 실존과 마주하며 뚜벅뚜벅 걷는 형상을 만들었다 자코메티가 더 이상 걷어낼 것 없는 인간 형상을 만들었듯이 변시지 역시 불필요한 것은 지워 나가는 작업을 한 듯하다. 그의 그림은 선과 형태가 아주 단순하다.

20대 일본에서, 30대 서울에서 그린 그의 그림은 제주의 그림과는 확연히 구별된다. 20대에는 인상파적인 화풍으로, 30~40대에는 나뭇잎 하나하나를 세듯 극사실주의 그림을 그렸다. 그의 제주 그림은 후반으로 갈수록 더욱 더 잡다한 디테일로부터 초월하여 대상의 정수만을 과감히 표출하고 있다.

변시지의 그림 〈더불어〉와 〈그리움〉을 보면 인간 존재의 고독감, 이상향을 향한 그리움의 정서를 느끼게 된다. 그리움이나 이상향을 향한 그림의 화면 색채는 노랑에 가깝다. 짙은 황갈색 화면의 〈풍파〉, 〈폭풍〉 등의 그림은 제주인의 신산한 역사를 보는 것 같다. 한낮의 태양, 구부정한 한 사내, 쓰러져 가는 초가, 사내와 마주하고 있는 조랑말 한 마리, 소나무 한 그루, 휘몰아치는 바람의 소용돌이, 파도치는 바다에서도 꿋꿋이 떠 있는 작은 조각배 하나, 그의 말대로 척박한 역사와 수난의 섬 제주를 이보다 더 잘 표현할 수는 없을 것이다.

인간에게 산다는 것은 너무 덧없고 허망하다. 인간은 부서질 것같이 연약하다. 그래도 결코 쓰러지지 않게 단단히 굳은 의지를 다져서 걸어가야 한다는 것을 자코메티는 조각에서 표현했다. 예술품 경매사상 1,000억 원이 넘는 값으로 최고가를 경신했던 작품 〈걸어가는 사람〉이 전 세계인의 마음을 사로잡는 이유일 것이다.

변시지는 아무리 바람이 불고 풍파가 닥쳐도 끝까지 떠 있는 조각배처럼 끈기와 강인한 생활력을 가진 제주 사람을 표현했다. 그림에는 없지만 나는 제주할망을 보는 듯했고, "살암시난 살아져라."하던 할망들의 말도 들리는 듯했다. 아무리 힘들어도 살다 보면 살아지더라, 그러니 견디며 살라는 의미일 것이다.

우리 앞에 놓인 풍경은 바라보는 사람에 따라 여러 모습으로 보인다. 나에게 제주는 오래전에는 신혼여행지로, 요즘은 한 달 살이 혹은 일 년 살이 하는 낭만의 섬이었다. 아름답게만 보이던 제주의 풍경이 화가에게는 이렇게 폭풍과 풍파의 땅으로 보였다. 눈으로만 보던 제주를 그의 그림을 통해 마음의 눈으로 다시 보게 되었다. 제주는 이웃 사람뿐만이 아니라 조랑말까지 친구 되어 더불어 살아가는 순박하고 평화로운 섬이다. 그러나 바람 많고 척박한 자연 속에서 오랫동안 힘겨운 삶을 살았고, 일제강점기에는 특히 일본군에게 강제 노역으로 심하게 혹사당했으며, 해방 후에는 4·3 사건과 같은 수난의 역사를 겪은 섬이다. 변시지의 황토색에서 보듯, 채도 높은 노랑에 가까운 색부터 검은색에 가까운 황갈색까지 제주의 색은 그 폭이 넓고 깊다.

4·3 평화공원에서

"낮에는 토벌대가 와서 빨갱이랍시고 사람을 죽이고, 밤에는 폭도들이 와서 반동이라면서 죽이고…"

제주에서 잠시 살 때 마을 할머니들에게서 들은 이야기다. 할머니들은 더 이상 이야기를 하려고 하지 않았다. 해안 마을이었기에 중산간 마을에 비해서 피해가 크지 않았는데도 그 기억은 무척 아픈 것이었나 보다. 제주 사람이라면 직계가족은 아니라 해도 친척들의 희생까지 따지면 어느 누구도 4·3사건을 비켜갈 수가 없을 것이다.

이번 제주 여행은 제주에서 30여 년 살다 은퇴하여 제주를 떠나는 심 교수가 안내를 맡았다. 첫날은 '생각하는 정원', '탐나라 공화국'을, 둘째 날에는 서귀포에 있는 미술관들을, 셋째 날엔 '4·3 평화공원'을 갔다. 제주는 40여 년 전 처음으로 신혼여행을 갔었고 그 후에도 수차례 여행했으며 잠시 살기까지 했지만 4·3 평화공원은 처음이었다. 2003년에 평화공원 기공식이 있었고, 2008년에 평화기념관이 개관되었는데 많이 늦었다.

제주시 봉개동에 있는 공원은 넓은 장소에 잘 조성되어 있었다. 기념관은 자료가 많아 4·3 사건을 이해하는 데 도움이 되었다. 가장 가슴 아픈 곳은 위패 봉안실이었다. 넓은 한 벽면을 가득 채운 1만4,117명의 위패가 모셔져 있는데 그렇게 많은 위패를 본 것도 처음이라 가슴이 꽉 막혔다. 그 한 사람 한 사람이 다 누군가의 어머니, 아버지, 딸이고 아들이라는 사실이다. 약 85%는 토벌대에 의해 15%는 무장대에 의해 희생됐다고 한다.

평화기념관 안에서 4·3의 의인 김익렬 연대장에 대한 자료가 무척 인상적이었다. 김익렬 연대장은 사건이 나던 해에 제주에 주둔했던 9연대 연대장이었던 분이다. 그는 6·25전쟁에 참전하여 큰 공을 세웠고 중장으로 예편하여 국립묘지에 안장된 분이다. 그는 죽기 전에 「4·3의 진실」이라는 실록 유고를 남겼다. 어쩌면 진실에 가장 가까운 기록일 것이다. 그는 생명의 위험을 무릅쓰고 무장대 대장이었던 김달삼과 담판, 평화적으로 사태를 해결하려고 했었고, 또 회담도 성공적으로 이루어졌다. 그 평화회담대로만 순조로이 진행됐더라면 공권력에 의한 초토화 작전은 없었을 것이고, 제주에 그렇게 많은 희생자는 없었을 것이다. 무고한 양민이 아무 죄도 없이, 영문도 모르고 너무 많이 학살되었다. 그 점이 정말 안타깝다. 그의 화평정책은 미 군정 당국에 의해 거부되었고, 이 때문에 9연대장의 자리에서 해임되는 불운을 겪었다. 어떤 이유에서든 오라리 방화 사건을 일으켜 평화회담을 방해한 세력은 역사의 죄인이 틀림없다.

집으로 돌아와 김익렬 장군의 실록 유고 「4·3의 진실」을 찾아보았다. A4용지 46쪽 분량이다. 사건 당시 제주 상황과 사건 경위 등이 자세히 기록되어 있다. 그는 분명히 4·3 사건은 남로당의 선동으로 폭동이 일어났으며 처음 폭도의 수는 300여 명이라고 적고 있다. 또 폭도들의 만행에 대해서도 다음과 같이 기록한다. "원한에 찬 대중이 무기를 손에 잡으면 상상할 수 없는 만용과 잔인성을 발휘하게 된다. 제주도 폭도들이 바로 그랬다. 기세가 충천하게 되자 예의 만행과 잔인성이 나타났다. 경찰에 협조한

자에 대한 처형은 특히 잔인했다. 남녀를 가리지 않고 부락 입구나 마을 한복판에서 나무에 결박한 후 부락민들을 집합시켜 그들이 보는 앞에서 폭사시키는 만행도 벌어졌다."

그는 폭동의 원인으로 제주도에 이주하여온 서북청년단들이 도민들에게 자행한 빈번한 불법행위(고문치사 강간 등)가 도민의 감정을 격분시켰고, 그 후 경찰이 서북청년단에 합세함으로써 감정의 대립은 점점 격화되어 급기야 극한의 도민폭동으로 전개된 것으로 본다. 4·3 사건은 결코 공산주의 이념투쟁 폭동으로는 볼 수 없다고 했다. 초기에 현명하게 처리하였더라면 극소수의 인명 피해로 단시일 내에 해결할 수 있었던 단순한 사건이라고 나는 확신한다고 김익렬 장군은 기록하고 있다.

4·3 평화기념관 제1 전시실 동굴 입구를 들어서면 둥근 원형의 벽으로 둘러싸인 공간이 있다. 천정으로부터 외부의 빛이 쏟아지는데 방 한가운데에는 비문이 새겨지지 않은 백비가 누워있다. 백비로 남아있는 까닭은 4·3이 아직 제 이름을 갖지 못했기 때문이다. 훗날 언젠가는 누워있는 비석이 세워지고, 비문이 새겨질 것으로 믿는다.

따라비 오름에 올라

나는 '시간 더하기' 카페에 앉아 있다. 카페에 앉아 여기서 말하는 '시간 더하기'란 도대체 뭘까 그 의미를 골몰히 생각한다. 글자 그대로 시간이 더해지는 것일 수도, 고무줄 같은 시간이니 느리게 흘러 두 배 세 배로 풍요로울 수도, 저 먼 창조의 순간 이후 공간에 시간이 더해져 역사가 만들어졌으니 역사 만들기일 수도 있겠다.

이곳은 제주도 서귀포시 표선면에 있는 가시리加時里이다. 제주에서 가장 아름다운 길인 녹산로를 따라 드라이브를 하다가 유채꽃 축제를 하는 현수막을 보고 들어왔다. 축제 기간은 이미 지났지만 아직 끝없이 펼쳐진 유채꽃들, 아마 우리나라에서 가장 넓은 유채꽃밭일 것 같다. 바람 많은 제주에서도 특히 더 바람이 많은 곳인지 이곳에는 풍력발전기가 많다. 바람이 불 때마다 유채꽃이 파도처럼 출렁인다. 그런데 어떻게 해서 이곳은 시간을 더하는 마을이라는 이름이 붙여진 것일까?

이 마을은 고려의 충신 청주한씨 한천이 조선왕조 개국에 불복하여 제주에 유배된 후 처음 살기 시작하여 마을이 됐다. 마을의 기원이 예사롭지 않다는 느낌을 준다. 가시오름(가스름)이 가까이 있어 가시리라는 이름이 정해졌고, 넓은 초원을 이용해 말들을 많이 키웠으며 옛날 임금님께 진상했던 최고의 말인 갑마장甲馬場이 있던 곳이다. 또 따라비 오름을 비롯해 오름이 13개나 있는 곳이다.

4·3 사건 때는 수많은 사람이 억울하게 죽었고, 마을 집들이 다 불타버려 폐허의 땅이었던 중산간 마을이다. 4·3 당시 중산간 마을 82곳 중 100명 이상의 주민이 희생된 마을은 35곳에 달한다. 가시리도 이 중 한 곳이다. 현재까지 421명의 민간인이 희생된 것으로 파악되고 있다. 당시 가시리는 300여 호가 살던 꽤 큰 마을이었는데 마을 사람 3분의 1이 희생됐다. 아버지나 가족 중 한 사람이라도 없으면 도피자 가족이라고 해서 죽였다고 한다. 그래서 어린아이, 노인, 여성의 피해가 특히 컸다. 중산간 마을 중 노형리, 북촌리에 이어 3번째로 양민학살이 많았던 곳이다.

그러나 지금은 다른 마을에서는 거의 다 팔아버린 공동 목장을 지켜내어 200만 평이 넘는 마을 목장을 가진 마을이며 그 목장을 이용하여 유채꽃 축제를 한다. 마을 내에는 잔디축구장도 있다. 폐교를 자연사랑 갤러리로 개조하였고, 우리나라 유일의 리립里立박물관을 설립한 문화의 마을이다. 마을 아이들은 동시집을 엮어냈다.

수십 년 전, 그들의 부모세대에서 타인에 의해 시간을 빼앗긴 한恨 때문일까? 그 후손들은 스스로의 노력으로 마치 시간을 더한 것 같은 더불어 풍요로운 삶을 누리고 있다. 이곳은 이제 슬픔을 딛고 희망을 일군 마을이 되었다.

나는 가만히 생각한다. 절망적인 일을 당한 누군가가 이곳에 와서 희망을 찾을 수 있기를. 제주의 수많은 오름 중에서 가장 아름답다는 '따라비 오름'에 올라가 가슴속까지 시원해지는 바람을 맞는다면, 테우리의 노랫소리를 들으며 광활한 평원을 달리는 말들을 본다면, 유채꽃과 벚꽃이 환상적으로 어우러진 녹산로 길을 걷는다면, 바람 부는 날 들판 가득 은빛 억새가 흔들리는 신비한 풍경 속으로 천천히 걸어들어 간다면, 하루에 또 하루가 더해지는 그런 기적 같은 일이 현실이 될 것 같은 환상에 빠진다.

등대처럼

 우연히 찾아간 곳에서 역사를 만날 때가 있다. 그 역사가 마음 깊은 곳을 건드리고, 사유의 길로 나아가게 할 때 그곳은 특별한 장소가 된다. 영주 땅과 소수서원이 그랬다.

 영주시 순흥면에 있는 소수서원紹修書院을 방문한 날은 코로나 19로 여행이 자유롭지 않던 어느 봄날이었다. 서원 안에는 방문객이 우리 일행 둘밖에는 없는 듯, 그 넓은 소나무 숲에도, 서원을 돌아 흘러가는 죽계천변에도 사람은 보이지 않고 조용했다. 봄비가 촉촉이 내리는 소수서원은 신들의 정원 같았다. 숲에서 나오는 기운 때문이었을까, 옥빛을 머금은 맑은 죽계천과 그 뒷산을 감싸고 있던 비안개 때문이었을까, 신비한 기운이 흐르고 있었다. 그렇게 아름다운 소나무 숲을 처음 보았다. 우리나라 어디에서나 흔히 볼 수 있는 솔숲이지만 소수서원의 숲은 특별했다. 마당 가득 300년, 400년 된 소나무 수백 그루가 우람하고 기품 있게 서서 방문객을 맞았다. 서원 마당에 1000여 그루를 심어 그곳에서 공부하는 유생들이 소나무처럼 절개 있는 사람이 되길 바라던, 신재 주세붕과 퇴계 이황 선생의 정신이 깃든 나무들이었다.

소나무 숲이 그 아름다움으로 방문객을 한번 놀라게 한다면 그곳에서 뜻밖의 비극적인 역사가 있었다는 것을 알게 되면서 두 번째로 놀란다. 조선 초기 세조가 어린 조카 단종을 왕위에서 쫓아내고 그 자리를 차지하고 난 후 일어났던 비극적인 일은 학교에서 역사 시간에 배운다. 사육신 이야기다. 그런데 불의한 권력인 세조에 맞서면서 생긴 비극이 순흥에서도 있었다. 순흥에 유배 중이던 금성대군과 순흥부사, 그 지역 유지 몇 명이 단종 복위를 모의하고 거사를 꾸몄다. 그런데 그 사실을 알게 된 세조와 그의 측근 한명회가 순흥 도호부에 불을 지르고 인근 백성을 무참하게 죽였다고 한다. 순흥과 그 주변에 살던 1600여 명 중 300명 넘는 백성들이 무참히 학살되었다.

죽은 사람들의 피가 죽계천을 따라 끝없이 흐르다가 멈

춘 곳을 지금도 피끝마을이라 부른다. 얼마나 한이 맺혔으면 밤만 되면 원혼들이 절규했을까. 그 절규는 90여 년 후에 백운동서원 죽계천 경敬자 바위에 붉은 칠을 해 원혼을 달래니 그때야 울음소리가 멈추었다고 한다.

소수서원은 우리나라 최초의 서원으로 처음에는 백운동서원이었다가 나라의 지원을 받는 사액서원이 되면서 그 이름이 소수서원이 되었다. 오늘날 사립대학격인 서원이 생기기 전에는 국립대학인 성균관만이 서울에 있었다. 소과에 급제한 유생들이 공부하던 성균관이나 향교에서 공부하던 유생들의 목표는 과거에 급제하여 벼슬을 얻는 것이었고 교과목도 시험 위주였다고 한다. 그러나 소수서원은 달랐다. 퇴계 이황 선생이 소수서원에서 강학할 때 공부의 목적이 과거급제가 아니고 인간교육이었다고 한다. 교육의 방향이 참된 인간 형성으로 바뀐 것이다. 조선 후기에는 그 수가 너무 많아지고 여러 피해가 커서 대원군은 서원 철폐령까지 내렸지만, 서원이 생기면서 조선은 도덕적이고 건강한 유학의 나라를 지향하게 된다. 또 아무리 작은 고을이나 깊은 산골이라 해도 서당이 생겨 아이들은 그곳에서 공부를 하게 되었다.

교육은 사람을 성장시키고 변화시킨다. 그 교육기관이

단순히 공부만 하는 데가 아니고 전인격적인 삶이 이루어지는 곳이라면 더욱 영향이 크리라. 서원 내에 있는 유생들의 기숙사인 학구재學求齋와 지락재至樂齋에서 나는 생각했다. 500년 동안 소수서원에서 공부했던 4,000여 명의 유생들은 분명히 큰 변화를 겪었을 것이다. 서원에 입학할 때 그들은 대과 급제가 목표였다. 양반이 벼슬을 하지 않으면 어떤 좋은 직업도 갖지 못했던 그 시대에 과거에 합격해서 벼슬 얻는 것이 목표가 되는 것은 당연한 일이다. 그러나 그곳에서 공부하는 동안 그들은 과거시험에 붙기 위해서만 공부를 하지 않았으리라. 그들은 수백 그루의 소나무와 경敬자 바위, 그리고 맑은 죽계수를 보며 역사를 생각하고 스승의 정신을 생각했을 것이다. 벼슬보다는 학문하는 사람이 되고 도덕적인 참다운 인간이 되길 바라는 퇴계 이황 선생의 정신이 계승되었을 것이다. 그들은 경렴정景濂亭에 둘러앉아 시를 짓고 학문을 토론하며 깊은 학문의 길로 들어가고 조선 선비의 정신을 키웠을 것이다. 하늘을 공경하고 사람을 사랑하라는 경敬의 사상, 유교의 가르침을 체득했을 터이다.

    그래서일까? 우리나라는 위기에 처할 때마다 목숨을 버리며 나라를 구한 수많은 이름 없는 백성들이 있었다. 그리고 그런 사람들이 유난히 많은 지역이 영남 지역이다. 우리나라의 전체 서원 중 절반 이상이 영남지방에 있었다고 한다. 이는 우연이라고 보기가 어렵다. 밝은 대낮에는 그 존재가 희미하지만 캄캄한 밤, 어두울수록 그 존재를 드러내는 등대처럼 서원은 그런 역할을 했을 것 같다. 그 정신은 위기 때 더 빛을 발하며 면면히 이어졌으리라. 의병 출신 독립운동가들과 영남 지역의 유림 등 여러 계층의 인물들이 참가하여 독립운동을 벌였던 독립운동단체인 대한광복단이 영주에서 결성된 것도 우연한 일은 아닐 것이다.

고속도로 휴게소

 아침 일찍 창문을 여니 파란 하늘이 유난히 높고 공기는 맑았다. 산들바람까지 부는 전형적인 가을 날씨다. 가을이면 당연히 경험하는 날씨임에도 새삼스럽게 감동한 것은 지난봄과 여름 내내 날씨로 인해 고생을 많이 했기 때문이다. 봄엔 미세 먼지 때문에 외출까지 삼가는 날이 많았고, 여름엔 100년 만에 왔다는 무더위를 하루하루 힘들게 견뎌냈다. 춥지도 덥지도 않고, 미세 먼지 없는 깨끗한 날씨는 그 자체로 행복감을 느끼게 했다.
 떠나자. 이렇게 좋은 날에 집에만 있기에는 너무 아까워 길을 나섰다. 평창 동계올림픽 덕분에 강원도 가는 길이 수월해졌다. 서울양양고속도로를 타고 가면 설악산과 동해 바다를 다 볼 수 있는 속초까지 3시간이면 갈 수 있다. 고속도로를 달리며 여행하는 즐거움에 가슴이 뛰었다.

홍천휴게소에 들렀다. 화장실이 깨끗하고 쾌적했다. 핫바, 꼬치, 맥반석 오징어구이, 호두과자 등 간식거리가 한자리에 모여 있어 그냥 지나칠 수가 없다. 떡볶이와 통감자구이, 커피를 사서 야외 탁자에 앉았다. 저 멀리 숲과 마을이 보이는 경치 좋은 곳에서 따뜻한 햇볕을 즐기며 맛있는 것을 먹으니 "아, 참 좋다."라는 말이 저절로 나왔다.

한국을 방문한 외국인들에게 설문 조사한 기사가 생각났다. 한국 생활 체험 중 외국인들이 독특하게 느끼는 장소를 묻는 말에 우리나라 고속도로 휴게소가 1위로 뽑혔다는 내용이다. 외국인들은 고속도로에 이렇게 큰 휴식공간이 있다는 점에 놀랐고 맛있는 음식이 많아서 즐거웠다고 했다.

많은 나라를 가보지는 못했지만 몇몇 나라를 여행하며 경험했던 고속도로 휴게소 중 우리나라 같은 휴게소는 없었다. 미국 중북부 지역을 고속도로를 달리며 약 4주간 자동차 여행을 한 적이 있다. 1만 Km 가까이 달렸는데도 통행료가 거의 없이 공짜로 도로를 이용하고, 휴게소에 도착하면 탁 트인 자연 속에서 휴식을 취할 수 있는 것이 우리와 다른 점이었다. 아이들과 함께 넓은 잔디밭에 돗자리를 깔고 드러누워 높고 파란 하늘과 구름을 보며 휴식을 취하기도 하고 넓은 잔디밭을 걸으며 답답했던 기분을 풀 수 있어 좋은 점도 많았다. 그러나 휴게소 안에는 화장실과 자판기밖에 없고 사 먹을 곳이 없으니 모든 음식은 본인이 준비해 와서 먹을 수밖에 없어 한국 휴게소에서 팔던 맛있는 음식들이 그리워지곤 했다.

고속도로 휴게소 경험 중 잊히지 않는 곳이 독일과 이탈리아이다. 버스를 타고 아우토반을 달리는 독일 일주 여행 중이었다. 독일의 휴게소는 우리나라 휴게소보다 크지는 않지만 간단한 음식과 뜨거운 커피도 팔고 편의점도 있어 편리했다. 가이드가 지금까지 지나온 곳은 옛 서독 지역이었고 이제 통일되기 전 동독 지역으로 들어간다고 안내를 했다. 독일은 고속도로변이 거의 숲이라 무척 아름다웠는데 동독 지역 역시 숲이 이어지고 겉으로 보기에는 별반 다른 점이 없었다. 첫 번째 휴게소에 도착했다. 그러나 그곳은 운영이 어려워 문이 닫혀 있었다. 가이드가 다음 휴게소까지는 한참 가야 하니 급한 사람은 숲에 들어가 볼일을 보라고 했다. 경제적으로 세계 최정상의 나라에서 어느 가난한 나라의 시골에서 당할 만한 경험을 한 것이다. 통일된 지 20년 쯤 됐을 때인데도 옛 동독 지역은 서독과 그렇게 차이가 있었다. 지금쯤은 그곳도 달라졌을까 하고 휴게소에 오면 그때의 일이 떠오른다.

　이탈리아는 휴게소 커피가 정말 맛이 있었다. 휴게소 안에 들어가면 커피 향의 유혹을 그냥 지나칠 수가 없었다. 직접 갈아서 주는 에스프레소 맛은 뭐라 표현할 수 없을 정도로 고소하고 진한 환상적인 맛이었다. 휴게소는 크지 않지만 어디에서나 에스프레소를 단돈 1유로에 사서 마실 수 있었는데 아주 작은 잔에 주는 에스프레소 한 모금 마시고 나면 여행의 피곤이 풀리곤 했다. 그때 마셨던 에스프레소 맛을 잊지 못해 가끔 한국에서 주문을 해보지만 너무 진하기만 해서 잘 마시지 못한다. 무슨 차이일까 늘 궁금하다.

　노랫소리가 들렸다. 자선공연인 것 같았다. 이젠 휴게소에서 생음악까지 듣게 된 것이다. 말할 수 없이 아름다운 가을날에 커피 한잔을 손에 들고 노래를 듣고 있자니 행복이라는 단어가 떠올랐다.

　수필 동인들이 가장 행복한 순간이 언제인가 하는 주제로 이야기를 나눈 적이 있다. 고인이 된 K 수필가가 "나는 남편과 여행을 하다가 휴게소에 들러서 따끈한 우동

국물을 마실 때, 그때가 가장 행복한 순간이다."라고 한 말이 생각났다. 기억이란 타임캡슐을 보관한 것과 같다. 행복이라는 단어와 함께 몇 년 전에 돌아가신 K 선생이 타임캡슐을 열어보는 것 같이 내 기억 속에서 불려 나왔다. 소소한 것에 행복을 느끼며 여유로운 마음과 삶의 의미를 찾으려 했던 분이 그리워졌다. 우리나라 고속도로 휴게소는 소소한 것에서 행복을 찾는 보통 사람들의 추억의 장소, 어린아이에게 주는 종합선물세트 같은 곳이다.

속초에 도착하니 집에서 출발한 지 4시간이 훨씬 지났다. 휴게소에서 많은 시간을 보내서 그랬을 것이다.

백제의 미소

"엄마, 무슨 일 있어요?"
"아니, 왜?"
"엄마 얼굴이 좀 화난 것 같아 보여서요."

생각 없이 소파에 앉아있는 나에게 큰딸이 한 말이다. 특별히 인상을 쓴 것도, 안 좋은 일이 있는 것도 아닌데 내 표정이 그렇게 보인 모양이다.

미국에서 5년 동안 살다 귀국한 딸이 외출했다가 돌아와서 "오늘 지하철에서 본 우리나라 사람들 얼굴이 좀 무서웠어요." 한다. 웃는 사람은 거의 없고 무뚝뚝하고 화가 난 듯이 보이는 사람들이 많았다는 것이다. 그 말을 들으니 작년, 딸네 집에 갔을 때 일이 생각났다. 운동하느라

집을 나서면 길에서 만나는 사람마다 얼굴에 미소를 띠고 "하이!" 하고 인사를 하여 곤혹스러웠던 경험이 있다. 할 수 없이 같이 인사를 하다 보니 나중에는 자연스럽게 나도 미소를 띠게 되었다. 우리는 익숙해서 느끼지 못하지만 오랜만에 본 우리 얼굴이 딸아이에게는 화나게 보인 것 같다.

딸의 말이 계기가 되어 우리나라 사람의 얼굴에 대해 생각하는 시간이 많아졌다. 친한 사람끼리는 그렇지 않지만 대체로 우리는 다른 사람에게 무뚝뚝하고 미소가 없다. 전투적이기까지 하다.

'미소' 하면 내게는 제일 먼저 떠오르는 것이 백제의 미소다. 저 유명한 〈모나리자〉의 미소보다 더 보기 좋다. 내가 생각하는 한국인의 얼굴은 둥글고 복스러운 얼굴에 후덕한 웃음을 띠고 있는 이미지를 가지고 있다. 실제 우리 얼굴은 눈이 작고 광대뼈가 튀어나온 전체적으로 좀 강한 인상을 주는 얼굴인데 왜 이런 이미지가 내 머릿속에 각인되었을까 생각해보니 불상과 깊은 관계가 있었다.

외국 유명 박물관을 가면 꼭 아시아관을 관람한다. 한국관이 따로 있는 곳도 있고 여러 나라 것이 섞여 있는 곳도 있지만 공통적인 것은 불상이 많다는 점이다. 거기서 여러 불상을 보다 보면 중국이나 인도 등 다른 나라 것과 우리 것은 전문가가 아니라도 구별이 된다. 우리 부처님상은 온화하고 따뜻한 느낌을 주고 인자하게 보인다. 근엄함이 지나쳐 무서움을 느끼게 하는 외국 것과는 다르다. 숭상하는 절대자의 조각이지만 거기에는 민족의 혼과 표정이 표현된 것으로 여겨졌다.

백제의 미소로 대표되는 서산 마애삼존불의 얼굴을 보며 저런 얼굴이 우리 조상의 얼굴일 것 같다고 생각했다. 가운데 서 있는 부처님의 얼굴 모습은 입가에는 익살스럽게 보이는 커다란 미소를 띠고 눈에는 순박한 웃음이 어려 있다. 좌우의 두 보살 역시 참으로 쾌활한 미소를 띠고 있다. 넉넉함과 여유로움이 있는 따뜻한 얼굴, 순하고 어진 얼굴이다. 가난하고, 부족한 것 많지만 욕심부리지 않고 살던 우리나라 사람의 얼굴이 그랬을 것이다.

그런데, 오천 년 역사에서 가장 물질적으로 풍요롭다는 21세기를 사는 우리 한국인의 얼굴은 왜 미소를 잃었을까? 너무 물질적인 것에 집착하는 삶의 방식은 결코 행복할 수 없다. 많이 소유할수록 사람의 욕망은 끝이 없고 그래서 만족이란 없다. 하나를 가지면 잠시의 만족은 있으나 그 만족은 결코 오래 가지 않으며 곧 두 개를 원하게 된다. 그러니 소유에 집착하는 삶의 태도를 버리고 존재로 사는 삶을 살아야 행복하다.

그러나 이게 쉬운 일이 아니다. 셋방 사는 사람이 단칸방이라도 내 집만 있으면 더 바랄 게 없을 것 같고, 그것을 소유했을 때는 그렇게 행복할 수 없다가도 얼마 지나지 않아 그 행복은 없어지고 더 큰 집, 더 좋은 동네를 욕망하듯이 이 세상에 속한 거의 모든 것은 하나를 가지면 곧 두 개를 욕망하게 된다. 어느새 물질적으로 풍요로운 세상이 되면서 소유에 집착하고 있는 나를 본다. 남과 경쟁하며 더 가지려고, 더 이루려고, 더 높아지려고 하는 어리석은 우리다.

아시아의 동쪽 끝, 강대국 사이에 끼인 작은 나라지만 우리나라를 불가능한 꿈을 이룬, 기적을 이룬 나라로 인식하는 외국인이 많아졌다. 그러나 정작 우리는 남과 비교하고 경쟁하느라 우울해하고 기쁨을 잊은 나라가 된 것 같다. 만족할 줄을 모르는 한국인들을 안타깝게 여긴다.

"엄마, 무슨 좋은 일 있어요? 엄마 얼굴이 행복해 보여요."

딸에게서 이런 말을 듣는, 그런 표정의 얼굴이 될 수

있는 날이 올까? 어느 날 외출에서 돌아온 딸아이에게서 "오늘 지하철에서 본 우리나라 사람들 미소가 참 보기 좋았어요."라는 말을 들을 수 있는 날이 언젠가는 올까?

3부
손자의 기도

나의 노년에는 신간 소개란의 저자처럼 책 속의 장소를 찾아가지는 못해도, 나를 잠 못 이루게 하고, 가슴 설레게 하고, 한숨 쉬게 했던 책의 필자를 만나고 싶다.

세로의 가출
전쟁 같은 맛
산불
숲길을 걸으며
손자의 기도
제주 할망
어느 가족의 초상
시인 은복이

세로의 가출

 검고 흰 줄무늬가 선명한 얼룩말 한 마리가 서울 거리를 달리고 있다. 8차선 도로를 달리고, 골목을 누빈다. 얼룩말이 달리면, 달리던 차는 멈춘다. 줄지어 서 있는 자동차 사이, 빈 화분이 나와 있는 주택가 골목 그리고 헬멧을 쓴 오토바이 배달원 앞에 서 있는 얼룩말의 모습은 초현실적이다. 얼룩말은 아프리카 사바나에서 친구들과 함께 초원을 달려야 어울린다. 그런데 도심을 달리는 얼룩말을 보니 마치 상상 속의 동물 유니콘을 보는 것만큼 놀라움을 준다.
 어린이 대공원 동물원에서 살던 얼룩말 세로가 나무 울타리를 부수고 가출했다. 세로는 가로세로 줄이 예뻐서 동물원 직원이 이름을 그렇게 지었다. 3세 된 세로는 동물원에서 나고 자랐다. 그러니 아프리카 초원을 알 리가 없고 야생으로 돌아가고 싶어 탈출하지는 않았을 것이다. "부모가 죽고 세로의 반항 시대가 시작되었다. 집에도 안 들어가고, 옆집 캥거루와 싸웠다." 동물원에서는 세로의 탈출 이유를 이렇게 말했다. 혼자되어 스트레스를 받았다고 한다. 얼마나 속상하고 분노에 가득 찼으면, 몸태질이 얼마나 심했으면 울타리까지 부수었을까. 그렇게 부수고 나가서 생전 처음 본 풍경, 도시와 마주한 세로의 기분은 어떠했을까? 참 낯설고, 어리둥절했을 것이다.

  동물원을 탈출한 세로처럼 이 도시 밖의 어딘가로 탈주하고 싶은, 견디고 견디다가 도망가고 싶을 때가 있다. 30대가 끝나가던 무렵, 그런 때가 있었다. 육아와 직장 생활의 어려움으로 결국 일을 그만둘 수밖에 없는 상황이 되었다. 세 명의 아이를 키우며 직장 일을 잘할 수 있을 것이라 낙관했던 나도 문제였지만, 아이 돌봄의 문제를 전적으로 엄마 책임으로 몰아가는 인식도 문제였다. 전업주부 몇 년 만에 힘겹게 다시 얻은 직장이었는데 또 포기해야 했다. 두 번째였다. 우울했다. 숨이 턱턱 막히고 밤에는 잠을 잘 수 없었다. 잠이 오지 않는 밤, 아이들이 잠들면 밖으로 나가 걷고 또 걸었다. 밤의 도시는 낮의 도시와 다르다. 낯설었다. 그러다 사고를 당했다. 지금도 낯선 곳을 헤매다 다쳐서 꿰맨, 머리 뒤쪽 상처가 날씨가 궂은 날이면 욱신거린다.

아이들에게 엄마의 돌봄이 필요 없게 되었을 때 나는 더 이상 좋은 직장 구하기가 힘들었다. 보호관찰소에서 자원봉사를 시작했다. 처음에는 단순히 비행소년 상담자로 10년, 그 후 상담실 운영자로 10년을 일했다. 내가 만난 수많은 아이들이 가출소년이었다. 아이들이 집을 뛰쳐나가는 데는 그만한 이유가 있다. 많은 아이가 가출한 뒤 범죄에 빠지기도 하고, 일생 지울 수 없는 상처를 입기도 한다. 이 세상은 아이들을 위험에 빠지게 하는 것들이 너무 많기 때문이다.

3시간 반 동안 서울 거리를 누비다 붙잡혀 다시 자기 집으로 돌아간 세로가 다치지 않아 다행이다. 그 시간 동안 세로가 만난 이 도시의 어떤 것들도 세로를 다치게 하지 않았다. 자동차도, 오토바이도, 사람들도 세로를 위험에 빠뜨리지 않았다는 사실이 다행스럽고 눈물겹도록 감사하다.

그러나 세로가 돌아간 동물원을 생각하면 답답해진다. 왜 우리는 지금껏, 전시하는 동물원을 운영하고 있을까.

얼룩말만 해도 그렇다. 얼룩말은 원래 아프리카 대륙에 무리 지어 서식하는 동물이다. 말이나 당나귀와 달리 가축으로 길들이지 못한 유일한 말의 종이다. 그만큼 야생성이 강한 동물이다. 좁은 우리에서 외롭게 살며 사람들의 구경거리가 되는 감옥형 전시관 동물원은 주요선진국에서는 20세기 중반에 이미 사라졌다고 한다. 야생에서 살다 구조된 동물들을 치료하고 돌보거나, 야생동물 보전을 위해 노력하는 동물원으로 바뀌고 있다. 이곳에서는 동물들이 친환경적인 장소에서 자유롭게 살아간다. 이국적인 동물을 수집해 과시하는 건 왕실과 귀족의 고급취미였다. 세계에서 가장 오래된 오스트리아 쉰부른 동물원은 1752년에 합스부르크 왕가가 설립했다. 전 세계에서 동물을 포획해 자국으로 들여오는 건 제국주의 열강이 힘을 과시하는 수단이었다.

한때는 인간동물원도 있었다. 1889년 파리박람회는 400여 명이 전시되어 있던 흑인 마을이라는 인간동물원이 인기를 끌었다고 한다. 제국주의가 만연한 시대에 아프리카, 남미, 필리핀 등지에서 원주민을 납치해 신기한 볼거리 취급하며 이들을 전시했다. 뉴욕 브롱크스 동물원은 납치한 콩고의 피라미족 남성을 데려다 놓고 강제로 춤을 추게 했다. 그는 오랑우탕, 침팬지들과 함께 철창 속에 갇힌 채 굴욕적으로 구경거리가 됐다. 이후 그는 우울증을 이기지 못하고 권총으로 자살했다. 1907년 도쿄에서 열린 박람회에서도 인간 전시가 있었다. 이러한 잔혹한 인간 전시는 1958년 벨기에의 콩고 주민 전시를 마지막으로 막을 내렸다.

세로는 울타리를 박차고 나옴으로써 자기 존재를 알렸다. 사람들은 세로의 탈출을 응원하면서 세로가 달리는 모습을 편집해 인터넷 밈Meme으로 퍼다 날랐다. '두 발의 세로', '라이더 세로', '기타리스트 세로', '춤추는 세로' 등 수많은 이미지를 만들어냈다. 그중에는 '미래도시를 질주하는 사이버펑크 세로'도 있다. 미래의 도시는 어떤 모습일까? 지금과 같은 동물원은 한때 있었던 저 추악한 인간동물원처럼 사라지게 될까? 미래의 아이들은 메타버스Metaverse로 동물을 구경하고 있을까? 궁금해진다.

전쟁 같은 맛

어머니가 음식을 거부한다. 어머니는 조현병을 앓고 있어 음식을 거부하라는 어떤 목소리를 듣고 있는 듯하다. 음식을 먹으려 하지 않는 어머니에게 자녀들은 어떻게 해서라도 먹게 하려고 애쓴다. 거의 굶어 죽지 않을 정도로 어머니는 라면과 과일 통조림만 조금 먹을 뿐이다. 자녀는 단백질 보충을 위해 분유를 드린다. 분유를 본 어머니는 "그 맛은 전쟁 같은 맛이야."하며 진저리를 친다.

제목이 『전쟁 같은 맛』이란 책을 구해 읽고 있다. 이 책은 부산 텍사스촌에서 일하던 어머니와 상선 선원이던 백인 미국인 아버지 사이에서 태어난 한 혼혈여성이 쓴 책이다. 현재 뉴욕에 있는 대학에서 사회학과 인류학 교수로 재직 중이다.

어느 날 신문에서 "엄마는 양공주였지만 부끄럽지 않아… 나한테는 영웅이니까."라는 기사 제목과 엄마라는 존재를 글쓰기로 되살리고 싶었다는 내용을 읽었다. 어머니가 돌아가시고 상실의 슬픔을 글쓰기로 달래보려 시작한 프로젝트이며 온갖 꼬리표를 넘어서는 존재였던 그분의 모습을 기억하려는 개인적 여정의 일환이라고 했다. 어머니는 '타락한 여자'라는 꼬리표에도 불구하고 명예로운 삶을 살았다. 정신병을 앓고 있었지만 이성적인 존재였다.

어머니는 스무 살이 되기 전에 전쟁으로 가족의 절반을 잃고 의식주를 책임져야 했다. 그녀의 딸은 어머니에 대한 심층적인 연구를 박사학위 논문의 주제로, 나아가 500페이지에 가까운 책으로 써내어 '전미도서상 논픽션 부문' 최종 후보까지 된다. 딸은 나쁜 말이었던 양공주라는 단어의 의미를 글쓰기로 바꾸고 싶어 했고, 그 단어가 수치스러운 말이 아니기를 소망했다.

책을 읽기 전에 나는 딸의 소망대로 그 단어의 의미가 달라질 수 있을까 의문을 품었다.

부산은 내가 십 대 시절을 살았던 도시다. 초등학교 5학년 때 아버지의 전근으로 마산에서 부산으로 이사 가게 되었다. 어머니는 아버지 회사에서 가깝고, 학군도 좋은 대신동에 집을 구했다. 중학교 입학시험이 있던 시절이었다. 전학한 초등학교는 입학 성적이 아주 우수했다. 덕분에 나는 무사히 좋은 중학교에 합격할 수 있었다. 졸업한 중·고등학교가 모두 대신동에 있어서 나의 행동반경은 대신동과 그 주위를 크게 벗어나지 못했다. 월말고사가 끝난 날이나 방학 때면 친구들과 광복동 쪽으로 놀러 나가곤 했다. 그곳 역시 걸어서 30분 거리였다. 어쩌다 큰 맘 먹고 멀리 놀러 나갈 때가 있었는데 부산역이 있는 초량 쪽이었다.

그 당시 부산에는 아이들이 절대 가서는 안 되는 곳이 있었다. 눈길도 주면 안 된다는 곳이었다. 그곳은 밤이면 네온사인으로 불야성을 이루고 있는 거리였다. 외국인과 그들을 접대하는 아가씨들이 많은, 서양 영화 속의 한 장소 같았다. 아이들은 멀리 지나가면서도 호기심에 흘끔거리기도 했다. '초량 텍사스촌'이라 불리던 그곳은 부산의 중심가에 있었다. 하지만 나는 한 번도 멈추어 서서 그 거리를 자세히 본 적이 없다. 그래도 그곳의 영상은 머리에 남아 있다. 그 거리는 6·25 전쟁 중에 조성된 외국인 전용의 환락가였다. 밤마다 백여 발의 총성이 들리고, 둘

이상의 외국인들이 죽어 나가기 일쑤였다. 마치 서부영화에서나 볼 수 있는 무법천지 같아서 텍사스촌 이라고 부르게 되었다.

텍사스촌에서 250여 명의 혼혈아가 미국 등에 입양되어 갔다. 단일민족, 단일국가 기치를 내걸었던 대통령은 혼혈아동의 존재를 사회적 위기라고 공개적으로 비난했다. 그는 이 아이들을 해외 입양대상자로 만드는 대통령령을 선포했다.

저자의 어머니 군자 씨도 텍사스촌에서 일했다. 『전쟁 같은 맛』의 표지가 바로 텍사스촌 풍경이다. 군자 씨는 자신이 낳은 혼혈아기를 절대 놓으려 하지 않았다. 한 상선 선원이 아들 하나를 키우고 있던 군자 씨를 자신의 부인으로 삼았다. 아들보다 6살이 적은 딸이 태어났다. 아이들과 함께 미국에서 가정을 꾸리겠다고 결심한 군자 씨의 꿈을 남편이 이루어주었다. 그러나 정착했던 남편의 고향은 미국 내에서도 유색인종에 대한 차별이 가장 심한 곳이었다.

미국에서 군자 씨는 참으로 부지런하고 생활력이 강한 도전적인 여성이었다. 딸은 어머니를 회상하며 자기에게는 세 가지 모습의 엄마가 있었다고 말한다. 유년기의 엄마는 요리를 좋아했고 활기찼고 이상적인 엄마에 가까웠다. 두 번째 엄마는 조현병으로 아무것도 못한 채 사그라지고 있었다. 세 번째는 딸을 당신의 요리사로 받아들이고 어릴 때 먹었던 한국 음식을 가르쳐주며 되살아난 엄마였다.

6·25 전쟁 중이던 아홉 살 때 군자 씨는 가족과 헤어져 혼자서 몇 달을 버티며 살아간다. 그 후 가족과 만났지만, 아버지와 오빠가 죽고 가장 사랑하던 큰언니도 죽고 만다. 막내딸이던 군자는 양공주가 되었다.

군자 씨는 나보다 열한 살이 많을 뿐이다. 아무리 어려운 처지에 있다고 해도 꼭 그런 일을 해야 했을까? 어렵다고 다 그런 곳에서 일하는 것은 아니다. 일자리가 아무리 없던 시대였다 하더라도 공장도 있고 다른 일을 할 수도 있었을 것이다. 그러나 나는 군자 씨처럼 배고파 본 적도 없고 전쟁으로 가족도 죽지 않았다. 그 처지에 서지 못한 사람이 군자 씨를 판단할 수는 없다. 상상해 본다. 만일 군자 씨가 우리 부모가 그랬듯이 자녀의 교육에 열심을 낼 만한 부모가 있었고, 좋은 환경이었다면 어떠했을까. 군자 씨는 열심히 공부하여 정말 좋은 상급학교에도 진학하고 자신의 딸처럼 전문 직업을 가졌을 것 같다. 그녀는 인생을 열심히 살고 참 도전적인 여성이었다.

책을 다 읽고 나자 나는 용기 있는 여성에 대해 깊이 생각하게 된다. 가슴 속에 응어리진 한을 풀 길 없어 혼자서만 몸부림치던 일본군 위안부에 대해 처음으로 발언했던 김학순 할머니가 생각났다. 숨죽이고 살던 그들이 김학순 할머니 발언 이후 한국에서, 중국에서, 세계의 각처에서 봇물 터지듯 증언을 쏟아내며 일본군의 만행을 고발했다. 자신의 아이를 기어이 자기 손으로 키우려고 노력했던 군자 씨, 그녀의 딸 그레이스 조, 모두 참 용감한 여성들이다. 말년에 군자 씨는 기지촌 여성을 다룬 딸의 책 출판을 지지해주었고, 자신을 연구 대상으로 삼은 것도 지지했다.

 김학순 할머니 덕분에 군 위안부에 대한 우리의 의식이 바뀌었듯이 이 책으로 인해 나에게는 양공주라는 단어의 의미가 달라졌다. 가장 큰 소원이 교육 받은 사람이 되는 것이었던 군자 씨, 어려서부터 말할 수 없는 숱한 고통을 겪었지만 결코 삶을 포기하지 않고 도전적이었다. 그녀 덕분에 한 단어의 의미가 바뀌었다.

산불

새벽에 눈을 뜨자마자 뉴스를 검색한다. 아직도 꺼지지 않은 불은 삼척 쪽으로 번지고 있다. 울진에서 난 불이 강풍을 타고 무섭게 옮겨가고 있는 것이다. 최근 10년 내 난 산불 중에서 최대 규모라고 한다. 전국의 소방헬기와 소방대원들이 사투를 벌이고 불을 끄려고 하나 쉽지 않은 모양이다. 봄철 강원 영동지방의 산불은 무섭다. 양간지풍 襄杆之風 때문이다.

재작년 봄에 강원도에 가족여행을 갔다가 산불을 겪었다. 우리 가족이 묵은 리조트는 강원도 고성군의 산속에 있었다. 단독 별채 건물들이 죽 이어져 있는 리조트는 코로나 시대에 가족끼리 지내기 아주 좋은 곳이었다. 바람이 무척 부는 날씨였다. "아, 이런 날에 불이 나면 진짜 무섭겠다." 낮에 그런 말도 했던 것 같다. 우리 옆 동에서는 테라스에서 바비큐를 하는지 냄새를 피우고 있었고, 우리는 바람이 심해서 밖에서 고기 굽기에는 적당하지 않으니 바비큐는 내일 하자며 집 안에서 저녁밥을 먹고 있었다. 그때였다. 방송이 나왔다. 산불이 났으나 많이 떨어진 곳이고 바람 방향이 반대쪽이니 동요하지 말라는 내용이었다. 밥을 먹다 놀라서 모두 밖으로 튀어 나갔다. 사방을 둘러보니 호수 건너편 산이 벌겋게 불에 타고 있었다. 갑자기 머리가 하얘지고, 심장이 떨리고, 온몸에 힘이 빠졌다.

동요하지 말라고 했지만 우리 옆 동에서 바비큐를 하던 사람들은 어느 틈에 짐을 다 싸서 가버렸다. 위험이 갑자기 가까이 왔을 때 바른 판단을 내리기란 참으로 어렵다. 식구들 사이에서도 의견이 분분했다. 불이 난 곳이 리조트와 4Km 떨어진 곳이긴 해도 바람 방향이 바뀐다면 몇 시간 안에 이쪽으로 올 수 있으니 우리도 짐을 싸서 돌아가자는 의견, 좀 더 추이를 지켜보자는 의견 등 각각이었다. TV를 켰더니 벌써 고성산불 뉴스가 속보로 뜨고 있었다. 1년 전에도 고성에서 큰 산불이 나서 피해가 컸던 탓에 산림청에서 진화에 온 힘을 기울이는 듯 했다. 초속 20m

의 강풍으로 토성면 도원리에서 발생한 불이 인근 학야리로 확산되고 있었다. 바람 방향은 우리 쪽과 확실히 반대 방향이었다.

만약 바람 방향이 바뀌어서 조금이라도 위험하다면 리조트에서 모든 준비를 하고 있다는 말을 믿기로 했다. 며칠 더 숙박할 계획이었고, 벼르고 별러 온 첫날이라 되돌아가기에는 미련이 많았다. 지금 개인적으로 산길을 빠져나가는 것이 더 위험하다. 바람 방향이 바뀔 시 타고 나갈 대형버스, 다른 안전한 숙박 장소 등을 다 준비해 놓았고 직원이 산불 현장에 나가 있고 본부와 실시간 모니터하고 있으니 안심하라는 메시지를 믿고 싶었다.

리조트 관리 본부에서는 안심하라고 했지만 가슴은 계속 두근두근거렸다. 바람 소리는 공포를 더 키웠다. 일단 짐은 싸놓고 기다리기로 했다. 짐을 싸면서 손이 떨렸다. 이번 여행에 같이 온 가족은 총 12명이었다. 초등학교와 유치원에 다니는 손자 손녀들도 불에 놀란 모양이었다. 각자 가방을 싸라고 했더니 순식간에 자기들 가방을 싸서 어깨에 메고 있었다. 군대를 갔다 온 세 명의 남자들은 자기들이 밤에 중계방송을 들으며 불침번을 서겠으니 다른 식구들은 자라고 했다. 그러나 잠은 오지 않고 밤을 조마조마하게 지새웠다.

다음날 아침 다행히 강풍주의보가 해제되고 투입된 수십 대의 소방헬기 덕분에 산불이 진화되었다. 소방대원들은 밤새 불과 사투를 벌여 민가로 불이 번지지 않도록 한 것 같았다. 산림은 많이 훼손되었지만 인명이나 가축의 피해는 없었다는 소식이 전해졌다. 조마조마하게 밤을 보낸 우리 식구는 안도의 숨을 쉬며 싸놓았던 짐을 다시 풀었다. 그러다가 잃었던 웃음을 터트렸다. 초등학생은 책을, 유치원생 손녀는 낮에 딸기농장에 가서 얻어온 딸기잼을, 또 한 명은 슬라임 장난감을, 제일 어린 손자는 축구공을 가방 속에 넣은 것이었다. 아마 가장 귀한 것을 나름 챙겨 넣은 것이다.

산불이 해마다 더 심해진다. 예전에 비해 잦아진 대형 산불 소식을 외신에서 듣곤 한다. 2년 전 호주에서의 산불은 얼마나 가슴을 아프게 했던가. 숲은 불타고 있었다. 캥거루가 이리저리 불길을 피해 도망치고 있었다. "제발 저 좀 살려 주세요" 지옥 같은 불길을 피해 필사적으로 도망치는 어린 캥거루의 모습이 담긴 사진이 공개돼 눈시울이 뜨거워졌다. 그 캥거루는 살아났을까? 화상을 입었지만 구조된 한 어린 코알라가 겁에 질린 얼굴로 두 손을 소방대원 어깨를 꽉 붙들고 안겨 있는 사진도 보았다. 6개월 동안, 우리나라 면적보다 넓은 지역이 불에 탔다. 33명의 인명 피해. 10억 마리 이상의 동물이 희생됐다. 코알라 1만 마리가 사망한 것 같다는 보도도 보았다.

산불은 대부분 인재라고 한다. 처음 시작은 방화든, 실화든 사람에 의해 나는 것이 많다. 그러나 이렇게 자주, 대형으로 번지는 것은 그 근본 원인이 기후변화 때문이라고 한다. 자연발화, 호주 산불 역시 해수면 온도가 상승하며 폭염과 가뭄으로 화재가 발생한 것이다. 지구온난화가 심화할수록 고온건조 기후를 강화하여 산불을 장기화 시켰다는 것이다. 지구가 더 이상 견딜 수 없는 한계치를 넘어버려 이런 불행한 일들이 우리에게 다가온 것이다.

아주 먼 옛날, 이 세상을 창조하신 신께서 사람의 악함을 보시고 한탄하시다 큰 홍수로 심판하셨다는 이야기를 생각한다. 그때 악한 인간 때문에 죄 없는 땅 위에 있던 거의 모든 생명들이 희생되었다. 그 후 신께서는 다시는 홍수로 벌하지는 아니할 것이라 언약하셨다. 그러나 이제는 자연이 신 대신 심판을 하는 것일까. 인간이 파괴한 자연이 우리에게 내리는 여러 재앙들, 질병, 재해들이 너무나 크다. 대형 산불은 그중의 하나인 것 같다.

산불이 많은 강원도이지만 꺼질 줄 모르고 확산되고 있는 이 불 역시 그 근본 원인은 기후변화 때문이 아닐까 생각한다. 집 가까이 번져온 불을 보고 혼비백산하여 먹던 약조차 챙기지 못하고 몸만 빠져나와 벌벌 떨고 있는 이재민들, 다 타버린 집을 보고 울부짖는 사람들이 TV 화면에 보인다. 혹시 시가지로, 위험한 시설 쪽으로, 보존해야 할 문화재 쪽으로 불이 옮겨붙을까 두려워하는 소방대원들의 사투가 눈에 보이는 듯하다. 산불이 우리 쪽으로 올까 봐 두려워하며 밤을 보냈던 그 날처럼 떨린다.

울진 산불이 10일 만에 꺼졌다. 서울시의 약 1/3에 해당하는 산림 면적이 불에 탔다. 인명 피해는 없었지만 막대한 재산 피해가 있고 수백 명의 이재민이 생겼다. 급하게 빠져나가느라 집에서 키우던 개나 가축을 미리 풀어주지 못해 죽은 동물의 안타까운 소식도 있다. 위기에 주인이 풀어 준 가축들이 불탄 집으로 다시 돌아왔다는 소식은 그대로 감동이다. 어디에 피신해 있었는지 재를 잔뜩 몸에 묻히고 집으로 돌아온 소와 닭을 보니 가슴이 뭉클했다. 절망 속에서 작은 희망을 본 듯했다.

숲길을 걸으며

　숲은 생명이 흙에서 나서 흙으로 돌아간다는 진리를 체험케 하는 스승이다. 예부터 만물의 근원이 흙이라고 말한 이도 있었고, 너는 흙으로 와 흙으로 돌아가리라는 말씀도 있지만 실감하지 못하다가 숲길을 걷는 것이 일상이 된 후 몸으로 깨닫게 된다. 길을 걷는데 바람이 없는 날씨인데도 나뭇잎이 자꾸 떨어졌다. 떨어진 나뭇잎 하나를 주워 들여다보니 물기가 없이 말라 있다. 생명체가 물기가 없이 말라간다는 것은 죽어간다는 것이다. 숲길을 걷기 시작했던 초봄, 눈부신 연두로 새로 태어났던 그 잎이 여름이 지나고 가을의 끝자락이 되자 흙으로 돌아가는 것이다. 비록 하나의 잎이 온전한 생명체는 아니지만 나는 하나의 나무가 태어나서 성장하여 활짝 피었다가 소멸하는 것처럼 느껴져 우주의 비밀을 보는 듯했다.

　용인으로 이사 온 지 2년이 지났다. 집 바로 뒤에 광교산이 있지만 자주 가지 않았다. 등산로는 계단으로 시작하여 한참을 가파르게 올라가는 길이라 숨이 차고 힘들다. 그 고비를 지나면 평평하고 걷기 좋은 길이 나오지만 올라가는 처음이 힘들어 내키지 않았다. 부엌 창문에서 광교산이 보이고 숲의 나무들이 계절에 따라 변하는 것을 보며 그 풍경을 보는 것으로 만족했다. 소나무와 상수리나무, 떡갈나무, 졸참나무 등이 적당히 섞여 있고 아카시아나무도 많은 숲은 특히 바람 부는 날이면 창문 앞에서 한참을 서성이게 한다. 활엽수들의 너울너울 활기찬 춤사위와 선비처럼 점잖은 소나무의 어깨춤이 볼만하고, 비바람이 치는 날이면 숲에서 나는 소리가 마치 깊은 계곡의 물 흐르는 소리 같아 듣기가 좋다.

　코로나 19로 체육센터에 갈 수 없게 되면서 동네를 걷기 시작했다. 공원, 하천가, 초등학교 운동장을 걸었다. 그러다 광교산 능선 길을 알게 되었다. 등산로처럼 가파르게 올라가지 않고 평지를 걷듯이 조금씩 올라가니 힘들지 않다. 숲길을 걷는 것은 러닝머신 위에서 걷는 것과 많이 다르다. 처음에는 습관처럼 이어폰을 끼고 걸었다. 걸으며 뭔가를 같이 해야 시간이 아깝지 않아서다. 그러나 곧 이어폰을 빼버렸다. 새소리와 바람에 흔들리는 나뭇잎 소리가 나는 호젓한 곳에서 그냥 자연만 느끼고 생각을 비우고 싶어서였다. 숲에서 나는 온전한 소리만 듣게 되면서 어느새 내 마음의 소리까지 듣는다.

숲이 아름답다고 하지만 보기 싫은 것도 있었다. 낙엽들이 쌓여있는 것이다. 찢어지고, 구멍 나고, 바래고, 삭고, 부서진 것들, 누더기도 그런 누더기가 없다. 세상에 있는 색깔 중 저렇게 보기 싫은 색이 있을까 싶었다. 갈색을 좋아하지 않았지만 물기 하나 없이 바싹 마른 주검들의 무더기를 보는 것 같았다.

그런데 숲길을 걸은 지 얼마 되지 않은 어느 날 그렇게 보기 싫던 색깔이 아름답게 느껴졌다. 특히 가파른 비탈에 나무들이 줄 서 있고 검은색에 가까운 갈색의 나무둥치들 밑에 낙엽들이 쌓여있는 풍경이 보일 때 가슴 저 밑에서부터 저릿한 감동이 왔다. 그것은 숭고한 것을 봤을 때 느낌과 같았다. 그러면 마치 다 털어버린 빈 참깨 단처럼 가벼운 육체로, 정말 너무나도 가벼워진 육체로 우리 곁을 떠났던 내 어머니와 시어머니 그리고 우리 아버지, 내가 임종을 보았던 분들이 생각나서 눈시울이 뜨거워졌다. 그

갈색의 낙엽 더미, 발을 디디면 푹 빠질 것 같이 포근하게 보이는 갈색은 검은 줄기와 초록의 잎과 가장 잘 어울리는 자연색이었다. 낙엽 더미를 발로 비벼보았다. 낙엽이 두껍게 쌓여있을 것 같지만 곧 흙이 드러났다. 나뭇잎이 땅에 떨어져 바스러지고 썩어 흙이 되기까지 생각보다 시간이 오래 걸리는 것이 아닌 모양이다.

광교산은 숲에 들어가면 길 초입부터 무덤이 보인다. 비석을 세우고 울타리까지 한 무덤도 있지만, 봉분만 있는 것도 있는데 혼자 있는 무덤은 외로워 보여 애처롭다. 아무 장식이 없으나 봉분 두 개가 나란히 있는 것을 보면 보기가 좋다. 아마 그 무덤들이 있는 곳이 예전에는 산속 깊은 곳이었을 것이다. 광교산 자락에 아파트 단지들이 들어서면서 많은 나무가 잘려나갔을 것을 생각하면 안타깝다. 그러면서도 내가 이 산자락에 세운 아파트에 살면서 혜택을 누리고 있으니 아이러니다.

창문에서 볼 때는 숲이 빽빽하고 나무가 다닥다닥 붙어 있는 것처럼 보이지만 숲에 들어가 보면 나무들은 일정한 간격을 유지한 채 하늘 높이 가지를 뻗고 있다. 하늘을 올려다보면 마치 하늘에 햇살길이 난 듯 꼭대기의 잎들이 서로 붙어 있지 않고 겹치지도 않는다. 햇빛을 고르게 나뉘 받기 위해 이웃 나무와 적당한 거리 두기를 하고 서 있다. 숲 관리자의 손길에 의해서이기도 하겠지만 햇빛을 많이 받기 위해 수관을 주변 나무보다 높고 넓게 형성하려는 본능을 억누르는 나무들의 배려 때문이라는 자연의 이치를 알고부터는 숙연해졌다.

  자신과 생각이 다른 사람들에게는 공격적인 해악을 가하고, 힘을 가지고 있으면 자기 주위의 약한 것들을 지배하며 시들게 만드는 인간 사회와는 달리 나무들은 서로 배려하며 평화롭게 살아간다. 그 모습이 참으로 아름답다는 생각을 해본다. 우리가 이 땅에서 살아가는 날들이 점에 불과하고, 육신을 이루고 있는 것들은 언젠가는 다 썩게 될 것이며, 육신에 속한 모든 것은 강물처럼 흘러가 버린다 하더라도 살아있는 동안에는 저 나무들처럼 남을 생각하며 살 수 있다면 얼마나 좋을까. 홀로 서서 고독을 견디고, 달과 바람과 새들과 진심으로 소통하면서 하늘을 우러러 항상 감사하는 나무들이란 생각에 애정 어린 눈길로 다시 보게 된다.

  항상 동일한 것 같으면서도 언제나 다른, 아무리 자주 보아도 싫증이 나지 않는 단순 소박한 숲이다. 그 속에서 나는 어느새 들길의 철학자처럼 숲이 들려주는 '정적의 소리'를 듣고, 바라보는 시선에 화답하여 나에게로 뿜어내는 숲의 향기를 맡는다. 또 나는 어디서 와서, 지금 어디에 와 있으며, 무엇을 꿈꾸고 있는가 하고 스스로에게 묻게 된다.

손자의 기도

　신문에서 『진짜 멋진 할머니가 되어버렸지 뭐야』라는 책 소개 글을 읽었다. 아주 오래전 소녀였고, 아가씨이기도 했으며 아줌마의 시간을 지나 이젠 할머니가 된 저자는 아들이 결혼하고 새살림을 차릴 즈음 "나의 의무는 여기까지."하며 단호히 캐리어를 끌고 세상 구경을 나섰다고 한다. 어려서 책 속에서 보았던 동화 속 나라를 나이 일흔에 직접 보려고 떠나 시니어 세대의 시선으로 바라본 세상 이야기를 쓴 책이었다.
　나는 곰곰 생각해 보았다. '진짜 멋진 할머니는 어떤 걸까?' 그 책의 저자처럼 나이 70세에 지팡이 대신 캐리어를 끌고, 책에서 보고 상상만 하던 저 먼 나라들, 꿈의 장소에 가는 것은 진짜 멋진 일일 것이다. 어쩌면 늙는다는 것에 대해 두려움을 가지는 젊은이들에게 희망을 주는 모습일 수도 있다.

나에게는 멋진 노인에 대한 세 개의 이미지가 있다. 하나는, 오래전 안동 여행에서 본 노인들이다. 하회마을과 병산서원을 보고 돌아오는 길에 한 식당에서 외국인 20여 명이 식사를 끝내고 담소를 나누는 모습을 보았다. 대부분이 머리가 하얀 노인들이었다. 안동이 지금처럼 유명관광지가 되기 전이었다. 영국 엘리자베스 여왕이 다녀간 뒤로 외국인들이 꼭 가 보아야 하는 세계문화유산이 되었지만 그때는 동양의 알려지지 않은 작은 도시였을 때였다. 그들은 몇 년째 세계를 돌아다니고 있다고 했다. 세계 곳곳의 문화와 자연유산을 찾아서.

둘은 미국에 사는 딸네 집에서 몇 달간 머무르는 동안 미국 중부 도시 세인트루이스에서 경험한 것이다. 세인트루이스에는 미국에서 두 번째로 오래된 오케스트라가 있고 아주 멋진 심포니 홀이 있다. 그 오케스트라의 정기연주회를 관람하기 위해 심포니 홀에 갔다. 입장하고 보니 1층 좌석에 앉은 관객의 대부분이 노인들이었다. 그들의 대부분이 정기회원들이라 했다. 한 도시의 오케스트라를 후원하고 심포니 홀의 운영을 도우면서 수준 높은 음악을 일상의 생활로 누리고 있는 노인들을 보고 놀랐던 경험이 있다. 어쩌면 안동에서, 세인트루이스에서 본 두 부류의 노인들은 경제적 여유가 있는 노인들일 것이다.

세 번째 가장 다정한 모습으로 다가오는 한 할머니의 모습이 있다.

> 물 먹는 소 목덜미에
> 할머니 손이 얹혀졌다
> 이 하루도
> 함께 지났다고
> 서로 발잔등이 부었다고
> 서로 적막하다고
>
> ─김종삼, 「묵화」

시인이 쓴 시에서 나온 할머니이니 허구의 인물 아니냐고 할지도 모른다. 그러나 나는 거친 손을 소 목덜미에 대고 수고했다고 말하는 할머니를 알고 있다. 우리 할머니들이다. 부지런하고 따뜻하셨던 할머니. 삶이 무르익고 깊어져 남을 생각할 줄 아는, 세월이 주는 가장 큰 선물인 그 기품을 가진 할머니다.

"나의 의무는 여기까지."라며 당당히 말하고 캐리어를 끄는 할머니가 멋지긴 한데, 집 집마다 사정은 달라서 나는 아직도 딸네 아이들을 돌봐주고 있다. 어느 날, 초등학교 3학년 손자가 나에게 진지하게 질문을 했다. "할머니는 소원이 뭐에요?" 이 아이는 네 살 때 "할머니는 커서 뭐가 되고 싶어요?" 하고 물어서 나를 웃게 하였다. 그때는 커서 뭐가 되는가 하는 것이 관심사였다면 지금은 소원이 관심사인 모양이다. 그 아이의 질문에 나도 진지하게 그 수준에 맞게 대답했다. "네가 중학교 가면 배우는 국어 교과서에 할머니 글이 실려 그 글로 네가 공부하면 좋겠다." 글 쓰는 사람이라면 다 마찬가지가 아닐까. 좋은 글을 쓰는 것. 시간이 지나도 남을 수 있는 작품을 쓰는 것이 소원 아닐까.

며칠 전 딸이 말했다. "엄마, 요즘 얘가 밥 먹기 전 기도를 너무 오래 해요. 그래서 무슨 기도를 그렇게 하냐고 물었더니 할머니 글이 국어 교과서에 실리게 해 달라고 기도했대요." 나는 충격을 받았다. 기도에 맞게 나도 뭔가를 해야겠다.

나의 노년에는 신간 소개란의 저자처럼 책 속의 장소를 찾아가지는 못해도, 나를 잠 못 이루게 하고, 가슴 설레게 하고, 한숨 쉬게 했던 책의 필자를 만나고 싶다. 2000년 전에 살았던 베르길리우스와 오비디우스부터 단테와 괴테를 만나고 장 그르니에, 카뮈, 소로우를 마르탱 뒤 가르, 카프카, 최인훈을 만나자. 나 혼자만의 방에서 델러웨이 부인을 만나고, 리어왕과 고리오 노인의 어리석음을 생각하며 노년의 지혜도 배우자. 멋진 일이 시작된 것 같다. 노년을 위하여.

제주 할망

1. 제주의 색깔을 만드는 사람

제주에서 가지고 온 마늘을 쏟아보니 거의 두 접이나 되었다.

"참 많이도 주셨네!"

우선 먹을 것 조금만 남기고 다 까서 냉동실에 저장을 해야 할 것 같았다. 힘들게 농사를 지어 이웃에게 일 년은 족히 먹을 만큼의 마늘을 주신 제주 할망 고 권사님을 생각한다. 권사님은 남편 고향인 제주 시골집의 이웃이고, 남편이 어릴 적 다니던 교회의 권사님이다.

며칠 전 제주에서 지내고 있을 때, 동네에 새로 생긴 갈비탕 집에서 점심을 먹었다. 갈비탕은 맛이 있고 양도

푸짐했다. 일 인분 포장을 하여 이웃에 사는 고 권사님 댁에 들렀다. "권사님" 하고 현관문을 미니, 주인 대신 고양이가 "야옹" 하고 맞았다. 갈비탕을 식탁 위에 올려놓고 집에 돌아왔다.

다음 날 아침, 권사님은 커다란 모자 위에 타월을 걸치고 헐렁한 바지에 낡은 셔츠 차림으로 농사용 엉덩이 방석을 깔고 밭에 앉아 벌써 일을 하고 계셨다. 주일날 깨끗하고 좋은 옷을 입고 교회에 갈 때와는 달리 남녀 구분도 잘되지 않는 모습이다. 평생을 그렇게 일을 하며 네 명의 자녀를 다 대학까지 공부를 시켰다. 권사님은 나를 보자 갈비탕 잘 먹었다며, 덧붙여 서울 갈 때 밭에서 마늘을 뽑아 가라고 했다.

우리 집 가까이 권사님 밭이 있다. 300평 좀 넘는 밭인데 양파, 마늘 등을 재배한다. 이곳 말고도 몇 군데 더 권사님 밭이 있는데 부지런한 분의 밭이라 잡초 하나 없다. 언제나 싱싱한 초록의 작물과 제주의 검은 돌담이 조화를 잘 이뤄 보기가 좋다. 여든이 넘으신 데다 워낙 밭일을 많이 해서 허리가 굽었지만 건강하신 편이다. 힘들게 농사를 지었는데 마늘을 많이 뽑아오는 게 마음에 걸려 서울 오기 전 날 20개 정도 뽑아 비닐에 싸 두었다. 그런데 밤중에 권사님이 마늘을 가득 담은 큰 박스를 카트에 싣고 오신 것이다.

언젠가 TV 방송에서 유명한 관광지는 아니지만 제주의 경치 좋은 마을을 소개하는 프로가 있었다. 마을 구석구석을 보여주며 주민과 만나는 내용이었는데 고 권사님 집이 방송국 PD의 눈에 띄었는지 꽤 긴 시간 인터뷰도 하고 집도 소개되었다. 그날 사회 보는 분의 말이 걸작이었다.

"할머니, 집이 너무 예뻐요. 이런 집에서 사시는 걸 보니 전생에 나라를 구하셨나 봐요."

나는 그 말에 웃음이 터져 나왔다. 그 집이 그렇게 예쁜 것은 권사님의 부지런함 때문이라는 것을 알아서다. 잡초 하나 없는 초록의 잔디와 사시사철 꽃들이 예쁘게 피어 있는 것은 시간 날 때마다 땅에 엎드려 있는 집 주인의 노력과 비례한다.

비행기를 타고 제주 가까이 오면 나는 하늘에서 제주섬을 내려다보기 좋아한다. 꾸불꾸불한 밭담과 그 속에서 자라는 작물들이 너무나 아름다운 조화를 이루고 어느 곳에서도 볼 수 없는 색의 향연이 펼쳐지고 있기 때문이다. 제주의 색은 유채꽃의 노랑, 동백의 빨강, 억새의 흰색이 코발트빛 바다와 어울려 떠오르지만 검은 돌과 초록의 조화가 나는 가장 좋다.

비 오는 날 올레를 걷다 보면 평소에는 조금 거무튀튀하게 보이던 현무암이 비에 젖어 새까맣게 윤을 내고, 시원한 빗방울에 식물들은 더욱 싱싱해져 짙은 초록을 띠고 있어 검은색과 초록의 조화가 더욱 아름답다.

제주에 있는 동안 많이 걷게 되는데 잘 가꾼 조그마한 밭들을 보는 즐거움이 크다. 그 밭들을 가꾸는 이는 대개 할머니들이다. 부지런한 제주 할망들, 여든 넘는 나이에도 농사짓고, 구부러진 허리를 펴기 위해 물질 나간다는 할망들이 제주에는 많이 있다. 시간이 지나 그분들이 안 계시면 어떤 모습이 될까 염려된다.

길 가에 있는 큰 밭들이 잡초로 황폐해져 있는 것을 종종 본다. 이건 한 뼘의 땅도 놀리지 않고 무언가를 심어 가꾸고 먹을 것을 재배하던 제주의 모습이 아니다. 제주가 아름다운 것은 그렇게 부지런한 사람들이 가꾸었던 땅의 모습이 있어서인데 방치된 밭을 보면 답답해진다. 외지인에게 팔려 나간 밭들이 어떻게 바뀌게 될지 모르긴 하지만. 최근 몇 년 제주의 변화다.

2. 12월의 장미

허리가 굽고, 쪼글쪼글한 여든 넘은 할머니를 꽃이라 하지는 않는다. 그런데 그 할머니를 꽃의 여왕인 장미라 한다면 무슨 어울리지 않는 비유냐고 할지 모르겠다. 그런데도 나는 요즘 고 권사님을 보면 언젠가 겨울날 우연히 본 장미가 자꾸 떠오른다. 12월 어느 추운 날, 길을 걷다 담장 밑에 핀 빨간 장미 두 송이를 보았다. 꽃들이 모두 사라져버린 계절에 꽃을 피운, 12월의 장미였다. 경이로운 생명력에 놀라고 설레었던 기억이 있다.

사람이 살면서 고난이 없다면 얼마나 좋을까. 고난, 하면 떠오르는 사람이 있다. 구약성경에 나오는 욥이다. 욥은 아들 일곱과 딸 셋을 두었고, 그 나라 최고의 부자였다. 자식 복도 많고 재물복도 많은 그는 인품까지 훌륭해서 하나님의 칭찬을 받는 사람이었다. 그런데 그에게 고난이 닥쳤다. 어느 날 갑자기 그 많던 재산도, 자녀도, 건강도 다 잃는 일이 생겼다.

지구상에 수천 년 동안 고통과 슬픔을 당한 수많은 사람 중에서, 첫 번째로 고난의 사람으로 욥을 꼽는 데는 자녀의 죽음이 가장 컸을 것으로 나는 생각한다. 전쟁도,

지진도 아닌데 한날한시에 열 명의 자녀가 다 사고를 당해 죽었다. 욥이 아무리 "주신 이도 여호와시요 거두신 이도 여호와시라"하며 하나님을 원망하지 않았다 해도 고통까지 없는 것은 아닐 것이다. 자식이 죽으면 가슴에 묻는다는 말이 있다. 그만큼 자식의 죽음은 고통스럽고 살아갈 힘을 잃게 한다.

고 권사님 또한 부러울 것 없는 복 있는 할머니였다. 평생 땀 흘려 농사지으면서 조금씩 조금씩 샀던 밭들은 제주 땅이 금싸라기 땅이 되면서 수십억 자산가가 되었고, 자녀들은 자기 분야에서 인정을 받는 사람으로, 또 어머니께는 효성스러운 아들딸이었다. 권사님은 농사지으며 생기는 수입으로 지역에 어려운 사람을 돕는 선한 일도 하고 계셨다.

그런데 어느 날 불행은 도둑처럼 왔다. 그렇게 사랑하고, 자랑스러워 하던 큰아들이 교통사고를 당한 것이다. 아직 어린 두 아이의 아빠는 뇌사상태에 빠져 병원에 누워있게 됐다. 그때부터 권사님은 비행기를 타고 육지에 갔다가 병원에서 며칠씩 아드님 곁을 지키다가 돌아오시곤 했다. 권사님 밭에도 잡초가 생기기 시작했다.

바람 세차게 불고 비가 오는 궂은 날이었다. 늦은 아침을 먹고 집 밖으로 나갔다가 권사님 밭에 누군가 쪼그리고 앉아 있는 것을 보고 가까이 갔다가 깜짝 놀랐다. 권사님이었다. 지난밤에 돌아와 아침 일찍 밭에 나오신 것 같았다. 그날 어두워질 때까지 권사님은 밭에서 떠나지 않았다.

식물인간으로 수개월을 병상에서 지내다가 끝내 깨어나지 못하고 큰아들은 하늘나라로 가고 말았다. 그러나 욥의 자녀들처럼 안녕이라는 인사도 하지 못한 이별은 아니었고 가족들은 비록 의식이 없는 상태였지만 아버지를, 남편을, 형을, 아들을 만지고 또 만지고, 보고 또 보았다 했다.

마늘 씨 심는 날이다. 권사님은 새벽부터 밭에 앉아 일을 하고 있다. 어쩌면 너무 슬퍼서, 아드님이 너무 보고 싶어서, 집에서 혼자 계실 때는 울고 또 울지도 모른다. 권사님은 매일 죽을지도 모른다. 그러나 매일 다시 살아나 또다시 걸어서 밭으로 나와 일을 할 것이다. 살아있는 동안은. 그 강인한 생명력으로. 12월의 장미처럼.

어느 가족의 초상

 한 재벌가財閥家 가족의 얼굴이 TV 화면을 장식하고, 그들의 갑질이 화제가 되고 있다. 한 가족 전체, 다섯 사람의 초상이 뉴스 화면에 나온 것은 보기 드문 일이다. 서울뿐만 아니라 강원도, 제주도 어디에 가나 그 이야기들이다. 한국에서만이 아니고 미국에서도 유럽에서도 화제이고, 외국 사람도 갑질이라는 말을 안다.
 큰딸의 땅콩 회항에 이어, 막내딸이 광고회사 직원에게 물컵을 집어 던지고, 고함을 지르는 소리를 들으며 정신적 문제가 있는 사람, 분노 조절이 되지 않는 사람이구나 느꼈다. 막내딸이 근무하던 회사 6층의 직원들은 일상으로 일주일에 한두 번은 듣던 소리라고 하니 직원들의 고충이 어떠했을까 싶다.

그들을 보며 그 부모는 어떤 성품의 사람일까 궁금했는데 그 후에 그 어머니의 모습을 보게 됐다. 그 밑에서 일하던 사람들의 폭로가 계속됐다. 하루의 일과를 욕으로 시작해서 욕으로 끝낸다는 폭로가 있는가 하면 직원을 밀치고, 서류를 집어 던지고, 욕하고 행패 부리는 영상도 보게 됐다. 그런 모습을 보며 그런 엄마 밑에서 자란 아이들이 조금은 가엾다는 생각이 든다.

그런데 생기는 의문은 우리나라 최고라는 명문대를 졸업하고, 아름다움을 추구하는 미술을 전공하고, 고위직 아버지 밑에서 성장하여 재벌가로 시집을 간 그녀가 왜 이렇게 행동하며 살까 하는 것이다. 남편 때문일까?

20년 동안 비행 청소년들을 만나 온 나로서는 그 부모를 의심하지 않을 수 없다. 자녀 문제가 부모 잘못이라고만 한다면 그것은 참 억울한 일이겠지만, 문제아가 있는 곳에는 거의 대부분 문제 부모가 있었다. 무한한 가능성을 가지고 있는, 백지상태인 아이에게 그림을 잘못 그리는 사람은 주로 부모들이다. 가정은 한 인간이 한 인격체로 성장하는 장소이다.

갑질의 대명사가 되어버린 두 딸의 어머니인 재벌가의 사모님은 그의 부모, 특히 그 친정어머니에게서 영향을 받앉을 것 같다. 욕을 일상으로 하는 엄마, 돈을 주고 부리는 사람은 하찮게 생각해도 되고 막 대해도 된다고 행동으로 보여준 엄마, 분노 조절을 할 줄 모르고 화가 나면 어디서나 소리 지르고 물건을 집어 던지고 아이를 때리는 엄마였다면 그 자녀는 그것을 그대로 배웠을 것이다. 악순환은 계속되고 자녀로 손녀로 이어졌을 것이다.

영화 〈어거스트: 가족의 초상〉이 떠오른다. 세상을 떠들썩하게 하고 있는 이 가족과는 조금 다른 가족의 모습이지만 한 가지 공통점이 있다. 어머니의 역할이다. 메릴 스트립이 연기하는 이 영화 속 어머니는 입으로 내뱉는 대부분의 말이 상대를 찌르는 가시이고, 다른 사람에 대한 배려심이라고는 찾아볼 수 없는 성격이다. 남편, 딸들뿐 아니라 손녀에게조차 독설을 내뱉는다. 그런데 이런 성격이 된 것은 어릴 때의 너무나 나쁜 경험이 영향을 미쳤는데 자기 엄마에게 받았던 정신적 육체적 학대가 그를 다른 사람의 감정에 공감할 줄을 모르는 냉정한 성격으로 만들었다.

어릴 때의 경험 중 특히 어느 해 크리스마스, 그의 엄마에게 당한 일은 평생 가슴속에 노여움으로 남아있다. 가난한 가정이었지만 아직 어린아이였던 그녀는 멋진 가죽 부츠가 무척 갖고 싶었다. 그 엄마는 크리스마스 선물로 가죽 부츠를 기대하게 만들고는 "크리스마스까지는 절대 풀어보면 안 된다."는 당부까지 한다. 그러나 그 선물상자 속에는 개똥투성이의 낡은 부츠가 있었고, 그 선물을 보고 경악하고 좌절하는 딸의 모습이 재미있다고 엄마는 깔깔거리고 웃었다. 가난한 집에서 비싼 부츠를 기대한 딸에 대한 처벌로는 너무나 잔인한 행동을 하는 엄마였다. 어린 시절, 부모에게 존중과 사랑보다 무시와 조롱을 당하며 사는 동안 그 마음속 깊이 노여움이 쌓여, 다른 사람은 물론 자기 자신까지 사랑할 줄 모르는 괴물이 되어버렸다.

문제 아이들을 상담하는 선생님들이 모이면 농담처럼 하는 말이 있다. 운전면허증도 있고 의사면허증도 있는데 부모면허증은 왜 없을까? 미성숙한 채로 부모가 되는 우리, 학교에서 과목으로 배운 적도 없고 실습을 해 본 적도 없이 그저 우리 부모님들이 우리에게 해 주었던 기억을 더듬고 그것을 경험 삼아 좋은 부모가 되려고 애를 쓰는 우리들이다. 우리가 엄마나 아빠가 되기 전에 기본적인 교육과 훈련을 받았다면 우리의 아이들을 훨씬 더 잘 이해하고 잘 키울 수 있었을 텐데…; 하고 웃는다. 자녀가 다 장성한 나이 든 부모들이 스스로를 돌아보며 하는 말이기도 하고, 비행소년들의 부모를 보며 안타까워서 하는 말이기도 하다.

그 원인이 어디에 있든 이 재벌가 갑질 자녀들은 어린 아이가 아니고 자기 행동에 책임을 져야 하는 성인이다. 알랭 드 보통식으로 말하면 그들은 인생 학교에서 공부를 하지 못한 사람들이다. 또 존 러스킨식으로 말하면 결코 부자라고 말할 수 없고 맘몬 숭배자일 뿐이다. 돈이라면 뭐든지 할 수 있다고 생각하고 또 그런 권력을 가졌기에 그들을 막을 사람이 없었다.

"아름다운 얼굴은 진정한 의미에서 침묵이 깃들 때의 모습이다."라는 글을 본 적이 있다. 할 수 있는 힘이 있음에도 하지 않을 수 있는 힘으로 아름다운 얼굴을 만드는 사람도 있을 것이다. 그런 가족의 초상이 보고 싶다.

시인 은복이

옴니버스 형식의 TV 드라마 〈우리들의 블루스〉는 작가가 사람을 보는 따뜻한 시선 때문에 가슴 뭉클한 장면이 많다. 다운증후군 아티스트 은혜 씨가 역할을 맡은 '영희'를 보면서 나는 '은복' 씨가 생각났다.

"벌써 가요?"
아이들은 시무룩해져서 우리를 붙잡지도 못하고 애처롭게 쳐다본다. 재활원에 들어서는 우리를 보자마자 환호성 치고 가까이 다가와서 안길 때와는 너무 다른 풀죽은 모습에 돌아갈 때의 발걸음은 무겁다. 이럴 때는 차라리 부엌에서 일만 하고 아이들은 만나지 말 걸 하는 생각까지 든다.

재활원에서 간식을 만들어주는 봉사활동을 시작했다. 친구 다섯 명이 한 달에 하루 정해진 날짜에 방문해서 간식을 만들고 아이들과 같이 놀며 밥도 먹여주는 일이다. 이백 명이 넘는 식구들의 삼시세끼를 책임지는 영양사와 아줌마 두 분이 직원으로 있고 자원봉사자들은 설거지나 허드렛일을 처리한다. 매일 주는 간식도 손이 많이 가는 것은 자원봉사자에게 부탁할 수밖에 없고 영양사는 우리가 가는 날짜에 튀김이나 부침개, 샌드위치 등을 메뉴로 짜 놓는다. 엄청난 양의 튀김들을 두세 시간 동안 튀겨내다보면 땀이 뻘뻘 난다. 오래된 부엌살림 경력도 여기서는 맥없이 무너진다. 그보다 더 힘이 들고 조심스러운 것은 아이들을 만나는 일이다. 우리는 잠깐 가서 아이들과 시간을 보내고 다시 나의 일상으로 돌아오지만, 그 아이들은 우리를 그리워하고 기다리기 때문이다.

'천사들의 합창'이라는 장애아들의 기사를 신문에서 본 적이 있다. 뇌성마비 아이들의 노래는 많은 사람에게 감동을 주었고 눈물을 흘리지 않을 수 없었다는 얘기에 가슴이 찡했다. 천사처럼 맑은 아이들의 노래는 많은 사람의 마음을 사로잡았을 거라 짐작이 갔다. 우리는 장애아들을 보고 천사 같은 아이들이라고 부른다. 그러나 그들의 육체는 귀엽지도 예쁘지도 사랑스럽지도 않아 혐오감을 줄 때가 많다. 그렇지만 천사 같은 영혼을 가졌다. 남을 해칠 줄도 모르고 미워할 줄도 모른다.

재활원에서 우리가 만나는 아이들은 꽃님 반과 별님 반 아이들이다. 한 반에 열 명씩의 중중장애 여자아이가 살고 있다. 우리는 아이들이라고 부르지만, 사실은 대부분이 열다섯 살 이상이거나 삼십이 넘은 사람도 있다. 그들은 잘 자라지 못해서 조그맣고 아이같이 보인다.

은복이는 꽃님 반이다. 그녀는 뇌성마비로 삼십 세가 넘었지만, 아이같이 조그만 몸에 맑은 눈을 가졌고 천진한 얼굴을 하고 있다. 그녀는 태어나서 삼십 년이 넘도록 한 번도 자기 발을 땅에 딛고 서보지도, 걸어보지도 못한 사람이다. 자기 손으로 밥을 먹지도 옷을 입지도 못한다. 온 힘을 다 들여야 겨우 말 한마디 한마디를 할 수 있다.

은복이는 온종일 누워서 보내지만 휠체어에 앉을 수는 있다. 어쩌다 휠체어를 타고 나가서 본 세상 풍경, 그의 주위에 있는 사람들, 가족들을 생각하며 그는 시를 쓴다. 그녀는 시를 통해서 사랑을 쓰고 행복을 노래한다. 그녀가 힘들여 한 마디씩 시를 읊으면 단짝인 미정이가 통역하듯 다시 힘주어 불러주고 그 말을 그제야 알아듣은 자원봉사자는 받아서 쓴다. 이렇게 백 편이 넘는 시를 썼다.

이곳의 아이들은 서로를 도우며 살고 있다. 휠체어를 탈 수도 없어 온종일 누워있어야 하는 현아는 소화 기능도 나빠 음식을 잘 넘기지 못한다. 현아 밥을 먹이는 일은 어느 누구도 해낼 수 없다. 같은 반 숙희만이 할 수 있다고 선생님은 하반신 마비에 정신지체를 가진 숙희를 칭찬한다.

재활원을 드나드는 많은 자원봉사자 중의 한 사람인 나는 우리의 만남이 혹시 아이들에게 상처를 주지는 않을까 걱정이 된다.

> 간혹 외로운 생각이 들지만/ 많은 사람이/ 내 곁에 있다.
> 뿌듯한 행복 기쁨 주는/ 그들과 더불어 살고 있다.
> 언제까지나 그들을/ 나무처럼 꽃처럼/ 사랑하리라
> —「내 곁에 있는 사람들」 중에서

나는 은복이의 시처럼 더불어 함께 하고 있는지 생각해 보면 미안한 마음에 마음 한 귀퉁이가 떨린다. 그녀의 산문「만남」,「내가 아는 사람들」을 보면 "…그저 한낱 옷깃을 스치듯 지나간 짧은 만남도 있고, 내 가슴속 깊이 뿌리내린 정말 소중한 만남도 있다. 수없이 사람을 짧게 만나왔고 거기에 대한 쓰디쓴 이별도 체험해 보았다.", "나는 비록 정상인과 똑같이 될 수는 없지만 그들과 동등할 수는 있다. 나는 과연 그들에게 무엇을 주었을까? 내가 준 것은 오직 사랑인 것 같다."라고 했다.

그동안 내가 그들에게 뭔가를 해준 게 아니라 세상 무엇보다도 귀한 사랑을 내가 받았구나, 그 생각에 은복이가 선물로 준 시집을 한참 동안 덮지 못하고 있었다.

4부
내가 꿈꾸는 세상

세상을 더 나은 곳으로 만드는 일은 힘없는 생명을 가엾게 여기는 마음에서부터 시작될 것이다. 생명에 대한 연민이 이 세상의 문제를 다 해결할 수 없어도 그게 답인 것 같다.

워킹맘의 눈물
밝은 곳으로 갔을까
어느 모자의 죽음
마지막 모습
야간 멧돼지 목욕탕
준이네 동네 애꾸눈 고양이
겨울 저녁
차드에서 온 소식
내가 꿈꾸는 세상

워킹맘의 눈물

둘째 아이를 낳고 경력단절녀가 된 큰딸에게서 다급한 전화가 왔다. 그동안 여러 군데 원서를 냈는데 한 회사에 취직이 될 것 같다는 것이다. 아이 양육을 고려해서 하루 8시간 근무도 탄력제로 할 수 있다는 조건이었다.

"엄마, 어떻게 할까요? 연봉도 기대 이상이고, 아이들 때문에요."

딸의 전화는 내가 아이들을 봐 준다면 다시 일을 하고 싶다는 것이다. 큰손자가 초등학교 1학년이고 둘째인 손녀가 4세로 어린이집에 다니고 있다. 갓난아기 키우는 것도 아니고, 또 온종일 데리고 돌봐야 되는 것도 아니니 그렇게 힘들 것 같지는 않았다. 무엇보다도 딸이 어려운 학위를 따고 전문 직업을 가지고 있다가 그동안 아이 키우느라 온종일 집안일에 헉헉대는 것을 보면 안타깝기도 했다.

"무조건 한다고 해라. 그런 자리 다시 찾기도 쉽지 않다."

나는 그렇게 대답했고, 나의 황혼 육아가 시작됐다.

100세 가까이 산 철학자 한 분이 당신 인생에서 가장 좋았던 시기는 60세에서 75세였던 것 같다고 말했다. 자녀 양육의 의무에서도 또 자기의 일에서도 다 벗어나 오로지 자신이 하고 싶은 일을 마음대로 할 수 있고 진정한 자기 발전과 성취를 할 수 있는 시기라는 것이다. 그 말에 깊이 공감하고 있던 때였다. 내가 바로 그 나이, 그렇게 좋은 때가 온 것이다. 생각해 보면 다시 젊은 시절로 돌아갈 수 있다고 해도 나는 지금이 더 좋다며 가지 않을 것 같았다. 하고 싶은 일을 생각하며 버킷리스트도 작성해 보았다.

1970년대 초 여성들의 대학진학률이 3퍼센트밖에 되지 않을 때 내가 대학원까지 공부를 할 수 있었던 것은 참으로 큰 축복이면서 한편 멍에였다. 배운 만큼 사회에 빚을 졌으니 일을 하지 않으면 안 될 것 같은 의무감, 아니 그보다 일한 만큼 그 대가인 봉급을 받고 시간이 지날수록 승진도 할 수 있는 것이 집에서 아이를 키우는 것보다 훨씬 좋고 성취감도 컸다. 그러나 시부모나 친정부모가 아이들을 맡아줄 형편이 되지 않아 나는 아이 보는 사람에게 양육을 맡겼는데, 그건 참으로 문제가 많고 힘드는 일이었다. 일과 육아 사이에서 갈등하고 헤매다가 결국 일을 그만두기를 두 번씩이나 반복하며 젊은 시절을 보냈다. '내 딸은 안심하고 일할 수 있게 도와주어야지.' 딸에 대한 엄마의 진심이었다.

하고 싶은 일들을 잠시 접고 우선 딸네 집 이웃으로 이사를 했다. 아침 일찍 출근하는 딸과 사위 대신 아이들을 챙겨 학교와 어린이집에 보내고, 오후에는 두 아이를 부모가 퇴근할 때까지 돌봐주는 일은 생각보다 재미있고 할 만한 일이었다. 새벽부터 시간 맞춰 움직이다 보니 저녁에는 피곤하여 일찍 자게 되고 내가 마치 '새 나라의 어린이'가 된 것 같았다. 몇 달은 잘 지냈다. 그런데 문제가 생기기 시작했다.

아이들은 자주 아팠다. 독감이 유행하거나 감기가 돌기 시작하면 어김없이 옮아오는 것이다. 학교나 어린이집에 가지 못하는 아픈 아이를 온종일 돌보는 일은 쉬운 일이 아니었다. 아이들이 앓고 난 다음에는 나도 감기에 걸리기 시작하더니 몸에 이상이 온 것이다. 병원에서는 무리하지 말고 잘 쉬라고만 했다.

　몸이 아파 아이들도 돌보지 못하고 꼼짝없이 집에만 있게 된 어느 날, 딸이 집에 와서 "엄마, 정말 죄송해요. 제가 엄마 노후의 시간도, 건강도 갉아먹었구나, 하는 생각이 자꾸 들어요."하며 눈물이 글썽글썽해서 다른 방안을 찾아보겠다고 했다. 아침에는 아이 돌보미를 부르고 오후에는 본인이 돌본다는 것이다. 퇴근하며 어린이집에 들러 둘째를 데리고 오고, 학교가 일찍 끝나는 큰아이의 오후 일정은 학교 방과 후 수업과 각종 학원에 보내는 것으로 채웠다.

　"엄마는 오늘도 꼴등이야, 어제는 준성이가 일등이고 그제는 승호가 일등인데 엄마는 맨날 꼴등이야." 손녀가 어린이집에 늦게 온 엄마에게 울먹이면서 소리친 말이라고 한다. 딸은 새벽 일찍 일어나 아침을 준비하고, 7시 출근 4시 퇴근 후 부랴부랴 아이를 데리러 가도 아이에게는 항상 꼴등 엄마일 뿐이다. 친구들 대부분이 4시에 집에 가면 그 후에 머무는 아이들은 문소리만 나도 모두 뛰어나와 누가 왔는지 확인한다. 엄마가 온 아이들은 의기양양 기쁜 얼굴로 뛰어가고 다른 아이들은 실망한 얼굴로 "우리 엄마도 금방 올 거야."라고 얘기하며 들어간다. 네 살 손녀는 그렇게 실망한 얼굴로 한 시간을 내내 기다렸던 것이다.

경단녀에서 다시 워킹맘이 된 딸은 "좋은 아이돌봄센터 하나만 동네에 있어도 이렇게 힘들지는 않을 텐데." 하고 한숨을 쉬며, 정부의 정책은 육아에 도움을 전혀 주지 않는다며 힘들어한다. 그나마 아이 친구 엄마들이 도움을 많이 준다. 갑자기 회의가 늦게 끝나거나 저녁 일정이 생길 때, 남편마저 빨리 퇴근할 수 없는 비상사태일 때는 친구들, 동생들, 그래도 안 되면 나에게 전화를 한다. 딸은 말한다. 대한민국에서 워킹맘으로 산다는 것은 끊임없이 누군가에게 부탁 전화를 하게 되는 것이라고.

아무래도 내가 다시 아이들을 돌봐주어야 할 것 같다. 오후 시간만이라도.

밝은 곳으로 갔을까

세 살 아기가 부모에게 학대받아 숨진 사건이 있었다. 갓 나서 9개월간 그 아기를 키웠다는 외할머니 음성을 라디오에서 들었다. 친부가 데려간 뒤 아기를 보여주지 않아 볼 수 없었다고 했다.

"얼마나 순하고 귀여운 아기였는데, 얼마나 굶겼는지 팔다리가 나무젓가락 같았어요."

할머니의 음성이 계속 귓가를 맴돌았다. 아기가 세 살이면 이제 말문이 터져 보는 것마다 "이게 뭐야?" 하고 질문하고, 기쁜 일이 있으면 까르르 좋아하고, 무서운 것을 보면 금방 겁에 질려 두려워하는 시기다. 기쁨과 슬픔, 고통과 공포를 인지하는 인격체, 그러나 혼자서는 어떤 일도 할 수 없는 나약한 존재다. 그 아기가 죽음에 이르기까지 얼마나 무섭고 고통스러운 시간을 홀로 울며 발버둥쳤을까.

아이들은 꽃으로도 때리지 말라는 말이 있는데 부모가 자식에게 이렇게 끔찍한 일을 하는 이유는 무엇일까. 아동학대 사망 사건을 분석한 것을 보면 부모가 게임 등 중독에 빠져 있거나, 경제적 불안정 상태에 있거나, 너무 이른 출산으로 양육 지식이 없고 스트레스가 높거나, 어린 시절 가정폭력에 노출된 경험 등이 그 원인으로 밝혀졌다. 부모가 전혀 준비되지 않은 채 양육을 하면서 '자녀는 부모의 소유물' 또는 '내 아이 내 마음대로 키운다'는 잘못된 인식이 훈육을 체벌로, 체벌이 학대로 치닫게 되지 않나 싶다.

우리나라도 아동학대를 가족 간의 문제에서 사회문제로 바라보는 시각으로 많이 바뀌었다. 아동학대는 양육에 대한 이해 부족이 가장 큰 원인으로 밝혀지면서 부모교육 지원도 시작되고, 영유아의 안전을 확인하기 위한 아동안전 점검 방법도 개발하는 등 공공성 강화에 힘쓰기 시작했다. 그러나 여전히 학대받는 아이들을 위한 아동보호전문기관의 시설과 전문 인력이 부족하고 예산 또한 매우 부족하다.

몇 년 전, 강한 울림을 주는 영화 한 편이 상영됐다. 영화 <미스 백>은 실제로 어딘가에서 학대로 고통받고 있을 아이들을 한 명이라도 발견할 수 있는 계기가 됐으면 하는 마음이 합쳐져 탄생한 작품이라고 한다. 아동학대는 정부와 지역사회가 포기하지 않으면 막을 수 있다고 한다. 현대사회를 '피로사회'라고 진단한 한 철학자는 현대인은 '귀 기울여 듣는 재능'이 소실되었고 그래서 '귀 기울여 듣는 자의 공동체'도 사라졌다고 했다. 성과를 중요시하고 바쁘게 나아갈 줄만 알았지 조용히 멈춰 서서 주위를 돌아볼 줄은 모르는 사회라는 것이다.

정인이 사건 후 우리나라도 가정 내 체벌을 인정하던 나라에서 금지하는 나라가 되었다. 민법 915조에 있던 자녀에 대한 부모의 체벌권 인정 규정을 삭제했다. 학대로 숨지는 아이가 거의 없는 스웨덴은 세계에서 최초로 가정 내 체벌을 법률로 금지하고, 여러 복지 시스템을 갖추는 등 국가의 역할이 가장 컸지만, 지역사회의 역할이 컸다고 한다. 그 당시 스웨덴 사회는 "모든 아이는 우리의 아이"라는 슬로건이 전 사회에 확산됐다. 우리나라도 가정 내 체벌을 금지하는 법률이 제정되었지만 여전히 슬픈 소식이 자주 들려온다.

또 한 명의 아이가 학대받다가 세상을 떠났다는 뉴스를 본 후 너무 슬퍼 잠을 이루지 못했던 적이 있다. 며칠 그 생각에서 벗어나지 못하고 슬픔에 젖어 지냈다. 주일 날 교회에서 예배 시간에 울음이 터져 흐느끼다가 잠시 이상한 경험을 했다.

동시 「밝은 곳으로 갔을까」는 그렇게 해서 쓰게 되었다.

그 애도
아홉 살이래

캄캄한 가방 속에서
얼마나 무서웠을까
낮에도 밤에도
자꾸 생각이 나

수업 시간에도
눈물이 주르르
그러다 눈을 번쩍 떴어
교단 위에 서 있는
선생님을 보니
내가 잠깐 졸았나 봐

그 애를 만났어

눈부시게 환한 곳이었어
까르르 아이들이 웃는 소리
즐겁게 뛰어노는 소리
이상한 뿔피리 소리도 들렸어

한 어른을 봤어
부드러운 수염과 긴 머리카락을 한
그 분이
그 애를
번쩍 들어 올리셨어
그 애가 품속에서 활짝 웃었어

그 아이는
밝은 곳으로 갔을까

-「밝은 곳으로 갔을까」

'모든 아이는 우리의 아이'라는 인식이 확산되고, 조용히 멈춰 서서 주위를 돌아볼 줄 아는 나, 우리, 사회가 되기를 간절히 바라는 마음이다.

어느 모자의 죽음

아사餓死라고 했다. 먹을 것이 넘쳐나고 영양 과잉으로 다이어트가 최대 관심사 중 하나가 된 사회에서 굶주림 끝에 사람이 죽었다. 그것도 40대 엄마와 6세 아들이 함께. 이 사실을 어떻게 받아들여야 할까.

'아사'라고 하면 먼저 전쟁이 떠오른다. 서해 유성룡의 『징비록』 중 가장 비참한 장면은 먹을거리가 없어 굶어 죽는 백성들의 모습들이다. 사람이 겪는 죽음 중에서 가장 끔찍하다고 할 수 있는 아사가 전쟁 때도 아닌데 1990년대 북한에서 백만 명이 넘는 사람들에게 생기는 참혹한 일이 있었다. 이번에 우리나라에서 죽은 아기 엄마는 그때를 잘 이겨내고 탈북하여 한국에 온 사람이었다.

집안에 먹을 것이 하나도 없고 돈이 한 푼도 없다 하더라도 문밖으로 나가기만 하면 먹을 것이 지천인 세상 아닌가. 옛말에 사흘 굶어 도둑질 안 하는 사람이 없다고 했는데 왜 그는 훔쳐서라도 먹을 것을 마련하지 못했을까. 아무 식당에라도 들어가서 아기와 함께 배불리 밥을 먹고 돈이 없다고 말했더라면 어떻게 되었을까. 그 여인은 그런 짓을 하기에는 너무 자존심이 강하고 양심적이었을까. 아니면 문밖으로 나갈 힘조차 없어서였을까. 그런 생각들이 꼬리를 물고 일어나 불면의 밤을 보냈다.

광화문에 설치된 탈북 모자의 임시 분향소에 들렀다. 애도하는 심정보다 그 죽음이 도저히 이해가 되지 않아 의문을 풀고 싶은 마음이 더 컸던 것이 솔직한 심정이다. 아사한 탈북 여성은 부모 형제자매는 물론 친척 하나 없는 외로운 처지에, 아픈 아이와 함께 힘들게 지내며 국가와 주위 누구로부터도 도움을 받지 못했고 철저히 혼자였다는 것을 알게 되었다. 국적은 한국인이었으나 그녀는 나그네, 환대받지 못한 나그네였다. 아무도 없는 세상에 혼자 버려져 뼛속 깊이 사무치는 외로움에 절망할 수밖에 없었고 바로 그 절망이 죽음에 이르게 한 것이었다. 그 사실을 깨닫게 되었을 때 탈북 모자의 죽음에서 나를 포함한 모두가 죄인이라는 생각이 들었다.

고통받는 타자에 대한 환대와 배려야말로 근대윤리학의 핵심이 되어야 한다는 프랑스의 현대철학자 에마뉘엘 레비나스는 내 집 문을 꽁꽁 걸어두고 타인으로부터 분리된 채 자기중심주의로 살아가는 것은 책임으로부터의 도피이며 윤리적 의미의 악이라고 말했다. 악과 반대되는 차원은 선을 행하는 일인데 구체적으로 타인의 호소를 수용하고 받아들이는 것 즉 타인을 영접하는 환대로 나타난다고 했고, 또 어떤 얼굴도 빈손으로 문을 닫아놓고 접근할 수는 없다고 했다. 나그네 환대는 긍휼이며 타인의 고통을 나누어 갖는 것이다. 따라서 환대는 자기희생이 전제돼야 한다.

환대에 대해 생각나는 장면이 있다. 2015년 9월 초였다. 뮌헨역 광장에는 조금은 흥분된 듯, 붉게 상기된 사람들이 음식과 음료수 등 먹을 것과 환영 플래카드를 가지고 나와 기차를 기다리고 있었다. 광장을 가득 메운 사람들의 표정은 인간이 가질 수 있는 가장 선한 감정인 연민으로 가득 차 있었다. 드디어 시리아 난민들이 기차에서 내리고 그들은 지금까지 한 번도 받아보지 못했던 환대에 놀라 어리둥절해하다가 눈물을 흘렸다.

나는 그즈음 독일에 있었고 마침 그날 뮌헨에 도착해

그 광경을 보았다. 전 세계가 시리아 난민 때문에 골치를 앓고 있을 때, 난민들을 자기 영토 안으로 한 발자국도 들어오지 못하게 막고 있을 때 독일의 메르켈 총리는 그들을 합법적으로 받기로 한 것이다. 그 결정에 반대하고 비난하는 사람도 많았다. 그러나 뮌헨의 많은 시민은 기차를 타고 도착한 난민들에게 이런 사랑을 표현했던 것이다. 그날 뮌헨은 도시 전체가 흥분상태였던 것 같다. 식당에 가도, 어디에서도 온통 그 이야기가 대화의 중심이었다고 기억된다.

이렇게 시민들의 마음을 움직이게 한 데에는 며칠 전 한 아기의 죽음이 있었다. 터키의 남서부 유명휴양지 한 해변에 난민 아기 사체 한 구가 파도에 떠밀려왔다. 해변은 온통 밀려오는 파도가 햇살에 반사되어 은백색으로 빛나고 있었는데 얼굴을 반쯤 모래에 묻고 바닷물을 맞고 있는 아기의 빨강 티셔츠와 청반바지가 두드러졌다. 3세 된 쿠르디라는 이름을 가진 이 아기. 세계는 마치 아기의 비명을 들은 것처럼, 비명이 그들의 심장에서 소용돌이쳐 늑골 아래 쌓임을 느꼈다. 인간의 심연 저 깊은 곳에 있는 여리고 약한 것들에 대한 연민이 깨어 살아나 저릿한 통증을 느꼈다. 그 3살 아기의 빨간 티셔츠와 청반바지는 잊으려야 잊을 수가 없는 이미지가 되었다.

　사람들은 누구나 안전한 집에서 거주하며 가족과 인생을 향유하기를 원한다. 타인이 내 집에 들어오려고 하면 위협을 느끼게 되는 것은 자연스러운 일이다. 낯선 존재, 어떻게 반응할지 모르는 사람을 집안에 들이는 것은 자신의 존재에 위협을 가하는 것이다. 그 나그네가 때로는 도둑질을 하고 심하게는 성폭력, 살인에 이르는 세상이라 경계를 게을리할 수가 없는 형편이다. 그럼에도 익숙하고 안락한 세계를 열고 위험부담이 있는 낯선 자를 받아들여야 하는 이유가 있는가. 그 이유는 그 낯선 자가 헐벗고 굶주리고 가난한 자로, 누군가의 도움이 절실하게 필요한 자로 나에게 찾아오기 때문일 것이다.

　내 삶이 레비나스가 말한 악보다는 선을 행하며 살아야 될 텐데…. '타인을 위한 존재'로 오신 이를 믿고 그를 닮기 원한다고 늘 노래하지만, 정작 희생이라는 단어는 멀리하고 싶은 모순적 존재인 나는, 과연 꽁꽁 걸어둔 내 집 문을 열 수 있을까. 이 생각에서 벗어날 수가 없다. 생각할수록 그 일은 어려운 일이다. 만일 가능하다면 그것은 내 힘이 아니라 다른 어떤 힘에 의해서일 것이다.

　탈북 모자가 비참하게 죽어간 지도 벌써 많은 시간이

흘렸고, 우여곡절 끝에 장례식도 치러졌다. 그러나 세끼 밥을 먹으면서 문득문득 생각나 마음이 아프고, 마트에 산더미처럼 쌓여 있는 먹을 것들을 보면 또 가슴이 쓰려 온다.

마지막 모습

"하양이는 몇 살이에요?"

"응, 15살이야."

"그럼 우리 나이로는 몇 살이에요?"

"음, 한 80세 정도 되지 않을까?"

"와! 하양이가 그렇게 늙었어요? 이렇게 귀여운데…."

우리 집 아이들은 몇 번이나 물어 다 알 텐데도, 나이를 묻는 게 재미있는지 이렇게 묻곤 했다. 하양이는 우리 집 강아지다. 대부분 몰티즈 종이 그렇듯 하얀 털이 복스럽고, 크고 까만 눈을 가진 귀여운 얼굴이다. 요즈음은 강아지도 장수하는 세상이다. 17세까지 살았다는 강아지가 많아, 하양이가 그렇게 빨리 우리 곁을 떠날 줄 몰랐다.

그날 우리가 집을 비우지 않았다면, 빨리 병원에 데리

고 갔더라면, 조금 더 살 수 있었을까? 오전 10시경에 외출을 했다가 집에 돌아온 시간은 오후 5시가 넘어서였다. 하양이가 캑캑댔다. 목에 뭔가 걸려 호흡하기가 힘든 것처럼 20분쯤 그랬다. 그러다 아무 일이 없는 듯 몇 시간을 잘 지내다 또 캑캑댔다. 그렇게 몇 번을 반복했다. 동네병원은 오후 6시면 문을 닫지만, 야간에도 하는 큰 병원 응급실 생각은 미처 하지 못했다. 다음 날 병원에 갔다. 가는 동안에도 괜찮았고, 기다리는 동안에도 병원 바닥을 왔다 갔다 하며 잘 놀았다.

의사 선생님 앞에 앉았다. 안고 있는 강아지를 올려놓으라는 말에 따라 책상 위에 올렸다. 그런데 갑자기 다리 한쪽이 꺾이더니 픽 쓰러지는 것이다. 평소에도 병원에 가면 겁 많은 하양이는 의사 앞에서 힘없이 다리가 꺾이기도 했다. 그런데 이번에는 달랐다. 심정지가 온 것이다. 놀란 의사가 급하게 안으로 옮기고 응급조치를 하기 시작했다. 얼마 후 하양이가 살아났다고 간호사가 알려왔다. 2시간쯤 지나 하양이는 다시 내 품에 안겼다. 피부병 때문에 가끔 병원에 간 적은 있지만 심장이 나쁜 줄은 몰랐다.

초등 5학년부터 초등 1학년까지 4명의 손자 손녀들은

하양이가 가장 사랑하는 존재다. 이 네 명의 강아지 사랑은 무조건적이다. 아이들이 오면 하양이는 웃는 얼굴이 된다. 입이 귀에 붙는다. 아이들과 하양이는 맛있는 것 찾는 놀이를 한다. 금방 찾을 수 있는 곳에 숨겨놓고도 찾으면 아이들은 "천재 하양이."라고 환호하며 좋아했다.

심정지가 온 날부터 꼭 일주일을 더 살고 하양이가 우리 곁을 떠났다. 그동안 가족들이 차례로 와서 작별인사를 하고 갔다. 기운이 없는 중에도 아이들과 눈 맞추고 놀았다. 죽기 하루 전 날, 종일 물도 먹지 않았다. 목이 마른지 물그릇에 얼굴을 가까이 대고 한참을 보고만 있다가 결국에는 마시지 않았다. 왜 그랬을까? 기운이 없는 중에도 비틀거리며, 마치 자기가 살던 곳을 둘러보는 듯 집안 여기저기를 왔다 갔다 했다. 밤중에 매트에 누워있는 것을 보고 사진을 찍었다. 하양이가 눈을 동그랗게 뜨고 나를 보았다. 나를 향해 웃는 것처럼 보였다. 그때 나는 생각했다. '어찌 사람만이 영혼이 있다고 할 수 있을까.'

늦게까지 잠을 자지 못했다. 오전 5시에 눈을 떴다. 숨 쉬는 게 약했다. 다시 깜박 잠이 들었다가 놀라서 눈을 뜨니 오전 6시였다. 숨을 쉬지 않았다. 몸을 만져보니 아주 따뜻했다. 방금 숨이 끊어진 것 같았다. "잘 가 하양아." 눈물이 저절로 쏟아졌다. 한참 동안 따뜻한 머리를 쓰다듬어 주었다. 화장실에 하양이 똥이 한 방울 있었다. 5시에는 없었으니 5시부터 6시 사이에 화장실까지 걸어가서 거기서 변을 보고 자기 집에 돌아와 편안하게 누워 숨을 거둔 것이다.

나는 양가 부모님과 형제의 죽음을 가까이에서 많이 보아왔다. 부모님들은 병이 들고, 혹은 노환으로 많은 고생을 하고 돌아가셨다. 오빠는 그의 인생의 절정기에 급작스럽게 이별 인사도 하지 못하고 떠나갔다. 나는 동백꽃처럼 절정에서 뚝 떨어지거나, 목련 꽃잎처럼 추레하게 생로병사를 끝까지 치러내는 죽음은 피하고 싶었다. 매화나 벚꽃처럼 꽃잎이 낱낱이 바람에 날려 사라지면 좋겠다고 소원했다. 그런데 다른 소망이 생겼다.

"하양이처럼 마지막을 맞이할 수 있으면 좋겠다."

아이들이 요즈음 우리 집에 잘 오지 않는다.
"왜 우리 집에 안 놀러 오니?"
"할머니 집에 가면 하양이 생각이 자꾸 나서 너무 슬퍼요."

동물에 대한 애정도 관심도 없었다. 어려서부터 벌레는 물론 고양이, 개, 모두 멀리했다. 딸아이 때문에 어쩔 수 없이 강아지를 키우게 되었다. 그런데 2개월 된 강아지가 우리 집에 온 후 이 조그만 것이 내 생각을 바꾸어놓을 줄은 꿈에도 몰랐다. 동물도 겁이 많고, 사람과 같이 애정을 갈구하고, 감정이 있고, 고통에 약하다는 것을 알게 되었다. 하양이는 이 세상은 사람만 사는 곳이 아니라는 것을 가르쳐준 고마운 존재다. 반려동물이라는 말을 많이 한다. 정말 하양이는 우리 가족이었다.

야간 멧돼지 목욕탕

추석 연휴가 시작되기 전날, 북한산 자락에 사는 친구가 사진 1장과 문자를 카톡으로 보내왔다. "오늘 새벽에 갇혔나 봐. 아침에 총성 소리도 들었어." 명절에 밝은 내용이 아니라 미안하다면서 보낸 것은 철창에 갇힌 멧돼지 사진이었다.

친구는 나와 같은 아파트 단지에서 20여 년 가까이 살다가, 몇 년 전 북한산이 눈앞에 보이는 곳에 새로 지은 아파트로 이사 갔다. 친구네 집 바로 앞에는 산으로 갈 수 있는 오솔길이 나 있다. 동쪽으로 북한산 산등성이 보이고, 서쪽까지 이어져 작은 산이 자리하고, 그 가운데 남쪽 산언저리 좁은 비탈길이다. 아침, 낮, 저녁 빛이 다르듯이 산길을 오르는 이의 뒷모습도 다르다. 어둠이 걷히기를 기다렸다는 듯 미명에 혼자 길을 나서는 노인, 매일 아침 다정하게 손잡고 건강을 챙기는 중년 부부, 호기심 가득한 아이와 함께 오르는 젊은 엄마와 아빠, 애완견과 산책을 즐기는 사람. 햇볕이 강하게 내리쬐는 정오 즈음이 되면 사람은 뜸해지고 길 양옆 나무들은 그림자를 드리우고 쉬게 된다. 자연과 사람이 하나 된 풍경, 사진작가인 친구는 그런 그림 같은 풍경을 보내 주었다.

이사한 지 몇 달이 지난 어느 날 아침, 밤에 신기한 것을 봤다며 어젯밤의 일을 이야기했다. 밤 2시경, 잠이 오지 않아 마루에 있는데 베란다 쪽에서 이상한 소리가 들렸다. 꾸르륵 꾸르륵. 소리가 나는 곳을 따라 밖을 내다보니 어둠 속 풀밭에 덩치가 큰 뭔가가 뒹굴고 있는데 자세히 보니 멧돼지였다. 그 주위로 또 다른 큰 멧돼지가 있고 새끼가 3마리나 더 있었다. 아기 돼지들과 엄마 아빠 돼지 한 가족인 것 같았다. 돼지들은 한참을 놀다가 사라졌다.

친구는 해가 뜨자 바로 그곳에 가보았다고 했다. 오솔길 입구 가까이 있는 그곳은 물이 촉촉하게 있고 부들이 많이 분포되어있는 곳이었다. 진흙 목욕을 했는지 땅은 여기저기 넓게 파여 있고 풀들도 많이 뽑혀있었다. 아파트가 생기기 전 계곡의 샛길이었는지 물길이 남아있어 땅이 항상 젖어있다. 그곳이 멧돼지들의 목욕탕이었다는 것을 알게 되었다. 아파트 단지가 생기기 전에는 깊은 숲속이었을 것이다. 등산하는 사람들이 북한산을 가더라도 등산길로 주로 다니니까 숲속에서 멧돼지와 마주치는 일이 없었을 것이다. 멧돼지들은 마음 놓고 그곳에서 목욕하고, 풀을 뜯어 먹으며 놀다가 갔을 것이다.

멧돼지들은 주로 밤에 왔지만 때때로 저녁때나 새벽에도 나타나 주민들과 마주치는 일이 생기기 시작했다. 사람에게 큰 위협이 되었다. 그곳에 철 담장이 생기고 덫이 만들어지고 가로등을 세워 밤을 대낮처럼 훤하게 불을 밝혔다. 동네에는 허락받은 포수가 있어 총으로 멧돼지를 죽일 수 있다. 이곳에 와서 돼지가 어슬렁거리다가는 철창에 갇히고 총에 맞아 죽을 수도 있다. 벌써 많이 잡히고 죽었는데도 멧돼지들은 아직도 밤이면 찾아온다. 마치 실향민이 고향을 그리워하듯이 멧돼지들은 자기들의 목욕탕을 잊지 못하는 것일까?

친구는 잠이 오지 않는 밤이면 혹시 또 멧돼지가 목욕하러 왔나 밖을 내다보게 된다고 했다. 그러다 우연히 보게 되면 멧돼지의 야간 목욕탕에 관심이 많은 나에게 사진을 찍어 보내 주었다. 보름달이 훤히 떠 있는 밤중에 돼지 가족이 진흙에서 뒹굴며 장난치는 모습은 친구가 이전에 산책하는 사람들의 뒷모습을 찍은 사진 만큼 아름다웠다.

산책하다가 멧돼지를 만난다면 정말 무서울 것이다. 무서울 뿐 아니라 그 돼지가 공격한다면 크게 다치거나 죽을 수도 있다. 사람에게 멧돼지는 가까이해서는 안 되는 야생동물이다. 없어져야만 하는 존재라고 생각할 수 있다. 백두산 호랑이도 그랬을까? 옛날 백두산에 갔는데 호랑이를 만났다면 얼마나 무서웠을까. 여우는 어떤가. 무덤을 파고 사람의 간을 먹는다고 전해지는 여우도 없어져야 하는 존재였다. 거기다 그 가죽과 털을 팔면 많은 돈도 생겼으니 보이는 대로 총으로 쏘아 죽였다. 그런데 왜 지금 와서 멸종되어버린 호랑이를, 곰을, 여우를 복원하려고 그렇게 애를 쓰고 있을까.

코로나 19로 지금까지의 일상이 무너지고 많은 사람이 병에 걸려 고생하고 죽음에 이르기까지 한다. 전 세계가 전쟁 같은 위기 속에서 살고 있다. 직장을 잃고, 사업은 망하고, 학교도 제대로 가지 못한다. 이 모든 재앙의 원인이 야생동물의 서식지가 훼손되고 생물 종의 감소로 생태계 균형과 자정 능력이 저하된 때문이라 한다. 우리가 야생동물들이 사는 서식지에 길을 내고 나무를 베어내어 생태계를 훼손하는 바람에 그 동물들의 몸에 붙어살던 바이러스가 인간의 몸에 침투한 것이 코로나 팬데믹의 시작이라는 사실이다. 사스의 경우에는 박쥐에서 사향고양이, 메르스는 낙타, 그리고 코로나 19는 천산갑을 거쳐 인간에게 전해진 것으로 알려졌다. 생태학자들은 계속 경고를 해왔고, 코로나 사태를 맞은 지금이야말로 우리가 정신을 차리고 더 이상 동식물의 서식지를 파괴해서는 안 된다고 경고한다.

　동료와 가족이 죽는데도 그 목욕탕을 잊지 못해 또 찾아와서 철창에 갇히고, 결국 총에 맞아 죽고 마는 멧돼지를 생각하면 답답하다. 농장에서 키우는 돼지에게 열병이나 옮기고, 농사꾼의 작물을 망가뜨리거나 하는 무익한 멧돼지이니 없어질 때까지 다 죽여도 좋은 것일까. 우리와 야생동물인 멧돼지가 가까워진 것이 결코 멧돼지 탓도 아닌데. 야생동물과 인간의 조화로운 공존은 정말 어려운 일일까.

준이네 동네 애꾸눈 고양이

  초등학교 2학년 준이네 집은 산 밑에 있습니다. 아침이면 새소리 들리고, 그 소리에 잠에서 깰 때도 많습니다. 준이 엄마는 새소리나 시냇물 소리 같은 자연의 소리를 들으며 아침을 맞이할 수 있는 사람은 행복한 사람이라며 늘 감사하는 마음으로 살고 있습니다. 엄마를 닮은 준이도 자연을 사랑하는 아이입니다. 언젠가 TV에서 바짝 마른 북극곰이 사람들이 사는 마을로 내려와서 쓰레기통을 뒤지는 것을 본 적이 있습니다. 지구의 온도가 올라가고 북극의 얼음이 녹아 물속에서 먹이를 구하지 못하니까 그렇다고 했습니다. 지구를 살리기 위해서는 에너지를 아껴야 하고 어린이가 할 수 있는 일은 전기를 잘 끄는 일이라는 것을 배웠습니다. 그 후 준이는 방에서 나올 때는 꼭 전기를 끕니다.

　준이가 다니는 초등학교도 산 바로 아래에 있습니다. 쉬는 시간에는 시끄러워서 들리지 않지만 조용한 공부시간에는 뻐꾸기 소리가 들립니다. "뻐꾹 뻐꾹" 소리가 들리면 선생님 말씀을 열심히 듣고 공부에 집중하던 준이도 새소리에 마음이 더 빼앗깁니다. 뻐꾸기 소리를 들으니 친척 할아버지가 했던 말씀이 생각났습니다. "요즘은 뻐꾸기 소리를 통 들을 수 없어 서운했는데 어느 날 뻐꾸기 소리가 들리는 거야. 어찌나 반갑던지 가까이 가보니 밥이 다 됐다고 밥솥에서 나는 소리였어." 준이는 할아버지께 뻐꾸기 소리를 들려드리고 싶습니다. 비오는 날은 뻐꾸기 소리가 슬프게 들리기도 합니다.

　그런데 더 슬픈 소리도 있습니다. 식구들이 둘러 앉아 저녁밥을 먹고 있으면 산 쪽에서 "소쩍소쩍" 하고 소쩍새 소리가 들립니다. '소쩍새가 진짜 배가 고파서 울고 있는 것일까?' 시어머니에게 구박을 받던 며느리가 배고파서 굶어 죽었는데 소쩍새가 되어 솥이 적다고 '솥적 솥적' 우는 거라고 언젠가 할머니가 이야기를 들려주셨습니다. 이 슬픈 이야기를 생각하면 혼자만 배불리 먹고 있는 것이 미안합니다.

준이네 동네에는 길고양이 몇 마리가 있습니다. 어느 날 아기 고양이 울음소리가 들렸습니다. 형제들과 싸우거나 밥을 많이 먹겠다고 우는 소리가 아닌 듯했습니다. 어디가 심하게 아파서 고통을 이기지 못해 우는 소리 같았습니다. 밤에 들리던 아기 고양이 울음소리는 다음 날까지 계속되었습니다. 준이는 엄마와 함께 고양이 있는 곳으로 가 보았습니다. 아기고양이 세 마리가 있는데 항상 형제에게 밥을 빼앗겨 몸이 조그맣던 아기고양이 한 마리가 무슨 일이 있었는지 눈 한쪽이 이상했습니다. 피가 엉겨 붙어 있고 눈을 잘 뜨지 못했습니다. 분명히 눈을 다친 것 같았습니다. 아기고양이는 밤새 눈이 아파서 울었던 것입니다.

"병원에 데리고 가봐야겠다."

엄마가 아기고양이를 안으려고 하자 고양이는 도망을 가 버렸습니다. 고양이를 놓쳐버린 엄마는 어떻게 해야 할지 무척 난감해했습니다. 그때 준이에게 좋은 생각이 떠올랐습니다. '고양이 엄마를 모셔와야겠다.' 아랫동에 사는 고양이 엄마가 생각 난 것입니다. 고양이 엄마는 고양이 밥과 물을 챙겨주는 아줌마입니다. 그렇게 하는 것을 싫어하는 사람도 있어 욕을 먹기도 하지만 지난겨울 수십 년 만에 온 추위에도 길고양이들이 살아남은 것은 고양이 엄마 덕분입니다.

"나비야, 나비야."

고양이엄마가 동네 이곳저곳을 다니며 소리치자 고양이들이 여기저기서 다가왔습니다. 하지만 눈을 다친 아기고양이는 나오지 않았습니다.

"홍아, 홍아."

아줌마가 부르는 소리에 아기고양이가 드디어 나타났습니다. 아줌마는 고양이들에게 이름을 지어주었고 눈을 다친 아기고양이 이름이 홍이인 모양입니다. 아줌마가 홍이를 안고 엄마, 준이가 같이 동물병원에 갔습니다.

의사 선생님은 아기고양이가 다쳐 무척 아팠을 거라며 눈 한쪽이 실명 될 거라고 하셨습니다. 수술을 해도 소용이 없다며 응급치료하고 통증만 없애는 진통제 주사를 놓아 주셨습니다. 그런데 그렇게 아파하던 고양이가 주사 한 방으로 고통이 없어졌는지 울지 않았습니다. 엄마는 이 일을 무척 신기해하시며 준이에게 놀라운 일을 했다며 칭찬하셨습니다.

"우리 준이가 고양이 울음소리를 잘 들었듯이, 학대받으며 우는 아이들의 울음소리를 들을 수 있는 밝은 귀가 엄마에게 있다면 정말 좋겠다. 그래서 그 아이들을 고통에서 구해낼 수 있다면 얼마나 좋을까."

한숨 쉬며 말했습니다. 다음 날도 그 다음 날도 아기고양이 울음소리는 들리지 않았습니다. 그래서 준이는 아기 고양이를 잊어버렸습니다.

몇 달이 지났습니다. 어느 날 애꾸눈 고양이가 산 올라가는 입구에서 밥을 먹고 있는 것을 보았습니다. 애꾸눈이 아니었다면 몸집이 커진 고양이 홍이를 몰라볼 뻔했습니다. 그 애꾸눈 고양이가 다른 형제들이 밥을 뺏어 먹지 못하도록 한 발을 밥통에 걸친 채 당당하게 서서 밥을 먹고 있었기 때문입니다. 그 모습은 아기 때 몸집이 컸던 다른 형제가 하던 모습이었습니다. 이제는 애꾸눈 고양이 홍이가 대장이 된 것 같았고 그 당당한 모습이 마치 장화 신은 고양이처럼 보이기도 했습니다. 준이는 고통 속에서 잘 이겨 내어 살아남은 홍이가 대장이 되어 무척 기뻤습니다. 그러나 다시 생각해 보면 그 모습은 밥통을 혼자 차지하고 다른 고양이가 오지 못하도록 욕심을 부리고 있는 것이 아닙니까. 준이는 홍이가 욕심쟁이 대장이 되면 어쩌나 염려도 되었습니다.

집에 돌아오며 준이는 생각했습니다. '애꾸눈 고양이는

어린 시절 고생을 많이 했으니 고통 받는 다른 고양이를 도우며, 연약한 고양이를 지켜주는 착한 대장이 되지 않을까. 꼭 그렇게 되면 좋겠다.'

"꽃과 새가 노래하고 동물들과 어울려 햇살 가득 받으며 미소 짓는 우리들/ 약한 사람 볼 때는 지나치지 않아요 먼저 손을 내밀면 모두 행복해져요" 준이는 제일 좋아하는 노래 〈내가 바라는 세상〉을 즐겁게 부르며 집으로 뛰어갔습니다.

겨울 저녁

집으로 가는 길이었다. 지하철을 타고 우리 동네에 내려 밖으로 나왔을 때 어느새 지상에는 어둠이 내려앉아 있었다. 지하에 있는 시간이 채 한 시간도 안 되었는데, 바깥 빛의 세상에서 어둠의 세상으로 경계를 넘어온 것이다.

한기가 칼날 같았다. 영하 10도가 넘는 찬 공기는 정신을 번쩍 들게 했고 순간 머릿속이 저릿저릿했다. 바람 한 점 없는데도 쨍 소리가 날 것 같은 날카로움을 느꼈다. 낯설었다. 날마다 만나는 저녁인데 마치 처음 만난 저녁 같았다. 어둠이 내려와 있는 지상과는 달리 하늘은 짙푸른 청색이었다. 차고 단단하고 쓸쓸하게 보였다.

아파트 정문을 들어섰다. 어린이 놀이터 옆을 지날 때

다. 평소에는 그냥 지나치는 놀이터인데 오늘같이 추운 날이면 그냥 지나칠 수가 없다. 미끄럼틀 가까이 다가가 본다. 아무도 없다. 이렇게 춥고 어두운 시각에 당연한 일인데도 순간 '다행이다'라며 안도했다.

'이 미끄럼틀과 같은 모양이었을까?' 작년 오늘처럼 추운 겨울날, 이웃 아파트 어린이 놀이터에서 밤새 한 아이가 얼어 죽은 사건이 있었다. 미끄럼틀 밑 작은 공간에 웅크리고 앉아 있었다고 한다. 가출한 아이였다. 따뜻한 방에서 잘 자고 난 다음 날 나는 그 슬픈 소식을 들었다. 오랫동안 잊히지 않았다. 한동안 잊고 있던, 그 아이의 바들바들 떨고 있는 모습이 내 속에서 다시 살아났다.

"참혹한 지상, 빛나는 천상"이라는 어떤 시인의 글이 떠올랐다. '하늘나라를 이 땅에' 이것이 보통 사람들의 소망인데 지상에는 참혹한 일이 너무 많아 우리를 슬프게 한다.

돌아가 쉴 집이 없는 사람들이 생각나는 추운 겨울 저녁이었다.

저 앞에 우리 집이 보인다. 창에 불빛이 밝은 걸 보니 먼저 들어온 식구가 있는가 보다. 돌아가 쉴 집이 있다는 것은 얼마나 큰 행복인가. 그런 생각을 하다가 문득 인생이 끝나는 날 돌아가 쉴 곳이 있는가에 생각이 미친다. 그 집은 잠시 살다가는 이 세상 집과는 비교도 할 수 없는 영원한 집이라는데.

　어릴 때 동무들과 골목에서 재미있게 놀다가도 "저녁 먹어라." 하는 엄마 소리에 놀던 것 다 팽개치고 집으로 뛰어 들어갔던 것처럼, "아름다운 이 세상 소풍 끝나는 날 나 하늘로 돌아가리라." 하던 시인처럼 그렇게 즐거운 마음으로 집으로 갈 수 있을까?

　겨울 저녁, 빛이 지배하는 세상에서 어둠이 지배하는 세상으로 경계를 넘어가듯 우리 삶도 그렇게 흘러간다.

차드에서 온 소식

 살아오면서 한 일 중에 잘못한 일, 할 필요도 없었던 일들도 많지만, 그때 그 일은 하길 잘했다는 일들도 더러 있다.

 아프리카 차드에서 NGO 활동을 14년째 하는 분의 문자를 받았다. 제법 긴 편지 형식의 글인데 거기에는 기쁨이 담뿍 담겨있었다. 차드는 수도 은자메나를 벗어나면 도로 포장이 되어 있지 않고 도로 사정이 아주 좋지 않아 오지 마을에 가기가 쉽지 않다. 몇 년 만에 찾아가던 시골 마을 우물가에서 사람들이 펌프로 물을 긷고 있는 모습이 보였다. 펌프에서는 깨끗한 물이 콸콸 쏟아지고 사람들이 그 물을 마시고, 또 물통에 길어가며 즐거워하는 모습을 보니 가슴이 벅찼다는 것이다. 우물가에 조그마한 팻말이 있어 보니 7년 전에 판 우물이었다. 거기에서 우리 가족 이름을 보고 반가워 문자 보낸다는 것이었다.

차드는 아프리카에서도 가장 가난한 나라다. 국토의 반이 사막인데 점점 더 사막화되어 가고 아프리카에서도 두 번째로 큰 차드 호수가 있지만 지금은 물이 증발해 1/10로 줄었다. 지구온난화 탓이다. 아프리카의 물 문제는 심각하다. 여자들과 아이들이 1~2시간씩 걸어 마을에서 떨어진 곳에 가서 물을 길어오는데 그 물이 불결하여 여러 병의 원인이 된다. 또 오고 가는 길에 성폭행 등 험한 일도 많이 당한다. 차드의 시골 마을에는 우물이 필요한 곳이 많다. 마을에 우물을 파려면 기계로 땅속 깊이 파 내려가야 해서 경비가 많이 든다. 가난한 마을 사람들은 엄두를 낼 수가 없다.

한동안 아프리카 우물 파기 사업에 많은 사람이 관심을 기울였던 때가 있었다. 우물 한 개를 파면 10년 동안 마을 사람들이 물 걱정을 하지 않아도 된다고 했다. 한 개 파는데 300만 원 드는데 적지 않은 돈이지만 그 돈이면 어린아이들이 물 항아리를 이고 한두 시간씩 걸어 다니지 않아도 되고, 더러운 웅덩이 물을 먹지 않아도 되었다. 그

만한 돈이 그렇게 쓰인다면 가치가 있는 일이었다. 그래서 그 사업에 동참하면서도 10년 동안 깨끗한 물을 먹을 수 있다는 것에는 반신반의했다.

그분도 그 우물 덕에 마을 사람들이 물 걱정 없이 사는 것을 보고 기뻤던 것이다. 그 문자를 받고 나도 무척 기뻤다. 처음 팠을 때와 같이 깨끗한 물을 먹고 있다니 우물 관리를 잘해준 마을 사람들에게 고마웠다.

아프리카 소식을 듣고 나니 그곳이 그리워졌다. 우리 집에는 나무로 만든 아프리카 지도가 있다. 나라 별로 색칠을 하여 예쁘게 만든 장식품이다. 거실 장식장 위에 올려놓고 그것을 볼 때마다 선물한 차드 사람들을 생각하면 심각한 기아상태가 호전되기를, 높은 영유아 사망률이 개선되기를 기도하게 된다. 차드는 아프리카의 심장이다. 위로는 리비아, 왼쪽에는 니제르와 카메룬, 아래로는 중앙아프리카공화국, 오른쪽으로는 수단이 있다. 아프리카의 심장에 해당하는 곳에 있지만 오랜 내전과 독재정치로 고통받고 있는 이 나라를 아프리카의 죽은 심장이라고 한다.

영화 〈라이온 킹〉에서 또 〈아웃 오브 아프리카〉에서 아프리카의 이미지를 본 이후 나는 그곳에 꼭 한번 가고 싶었다. 아프리카를 생각하면 〈라이온 킹〉의 첫 장면,

저 멀리 지평선 붉은 해가 떠오르며 야생의 부르짖음이 들려오며 〈Circle of Life〉 노래가 들려온다. 또 〈아웃 오브 아프리카〉 속 아프리카의 초원이 보이고 모차르트의 곡 클라리넷 소리가 들린다. 나는 낙타를 타고 사하라사막을 걷고 싶었고 그 멋진 모래언덕도 보고 싶었다.

  두 번째 우물을 팔 때였다. 해마다 방학 때면 그곳에 가는 교수 한 분이 같이 갈 것을 권유했다. 한번 가보면 우물 파는 일에 더 마음이 갈 거라는 것이다. 차드에 흔한 수숫대로 숯을 개발하는 연구를 하는 분이었다. 차드에는 물 다음으로 연료 문제가 심각하다. 같이 가자는 권유에 나는 망설였다. 차드의 절반이 사하라사막이니 그곳에 가면 내가 꿈꾸는 사막을 볼 수 있을지도 모른다. 오아시스가 있는 사막에서 하룻밤을 잘 수 있다면 얼마나 멋질까. 캄캄한 사막에서 별을 볼 수 있다면…. 생각만 해도 가슴이 뛰었다. 그러나 나는 가지 않았다. 힘든 일을 하러 가는 그분과 달리 사막 구경을 먼저 생각한 자신이 부끄럽기도 했지만 그 비행기 값에다 좀 더 모으면 내가 꼭 하고 싶은 동물들을 위한 우물도 팔 수 있기 때문이었다. 동물들이 물이 없어서 물을 찾아 헤매다 죽어간다는 소식을 들을 때였다.

차드에는 우리나라 배우 박용하가 만든 학교가 있다. 박용하가 죽은 후 또 다른 연예인이 큰돈을 기부하며 그 일을 이어서 하고 있다. 그들은 어린아이에게서 희망을 보고 그 일을 한다. 그 돈이 씨알이 되어 나는 50배 100배의 열매를 거두기를 바라는 것이다.

어느 날 세브란스 병원에 갔다가 병원 복도에서 병원 역사가 적힌 글과 사진들을 본 적이 있다. 처음 시작은 참으로 미약했다. 제중원이라는 이름으로 시작된 병원은 그 후 미국의 독지가 세브란스 씨의 도움으로 지금의 세브란스 병원 기초를 세웠다는 것을 알게 되었다. 그때 불현듯 들었던 생각은 세브란스 씨가 세계에서 가장 가난한 나라 중 하나였던 한국에 병원을 세울 돈을 기부했을 때 과연 지금과 같은 병원 모습을 상상이나 했을까, 하는 것이었다.

대부분 사람은 내 안에 선한 천사를 가지고 있다. 그래서 내가 따뜻한 방에서 자고 있을 때 누군가 추운 곳에서 울고 있다고 생각하면 가슴이 아프다. 그런데 그런 선한 마음에 상처를 주는 일이 요즘 들어 많이 생겼다. 누군가를 도우면서도 이것이 혹시 어리석게도 속고 있는 것은 아닐까 의심부터 하게 되는 것이다. 특히 선인을 가장한 사악한 인간의 소식을 들을 때는 더욱 냉담한 마음이 되어 남을 돕는다는 것이 쉽지 않다.

차드에서 온 소식은 참 기쁜 소식이었다. 사람에 대해 희망을 다시 가질 수 있는 계기가 되었다.

내가 꿈꾸는 세상

올해도 발렌타인 데이에 우리 집에는 한 보따리의 초콜릿이 배달되었다. 딸들이 아빠에게 보낸 것이다. 입 속에서 사르르 녹는 달콤한 초콜릿, 일부러 잘 사지는 않지만 참 좋아하는 간식이다. 그런데 초콜릿이 반갑지 않다. 초콜릿을 보내지 말라고 이미 말을 했건만, 딸들은 발렌타인 데이를 그냥 지나치고 싶지 않은 모양이다.

얼마 전에 TV에서 한 영상을 보았다. 까마귀처럼 까맣고 가느다란 발목을 가진 아이들이 농장에서 위험한 일을 하고 있다. 아이들은 무거운 칼이나 전기톱을 들고 높은 나무를 오르내리며 온종일 중노동을 한다. 초콜릿 원료가 되는 카카오는 생산 농장이 아프리카에 집중되어 있다. 최대 생산국인 코트디부아르에 어린이 노동자가 200만 명이 넘는다고 한다. 그들은 터무니없이 싼 값에 장시간 노동에 시달린다. 할당량을 채우지 못하면 구타까지 당한다. 카카오 농장의 심각한 수준의 불법 아동노동 착취는 ILO에서도 인지하고 개선하려고 하나 코로나 시기에 아동노동은 더욱 늘었다고 한다.

카카오 농장의 비참한 노동 현장을 보면서 한 사진이 떠올랐다. 사진 속의 한 남자가 땅바닥에 주저앉아 뭔가를 물끄러미 바라보고 있다. 그날의 할당량을 채우지 못해 손과 발이 잘려 죽은 다섯 살 난 딸의 손과 발을 아버지가 보고 있는 사진이다. 아주 오랜 옛날에 있었던 일이 아니다. 19C 말에서 20C 초까지 아프리카 땅 콩고에서 있었던 일이다. 벨기에의 국왕 레오폴드 2세가 홀로코스트에서 히틀러가 죽인 600만 명의 유대인보다 훨씬 많은, 천만 명의 콩고인을 죽였다. 그는 콩고에 식민지를 건설하고 원주민들을 착취해 벨기에의 부를 이룩했다. 강제로 재배하게 한 카카오는 사실상 공짜로 무더기로 쓸어갔다. 세계적으로 유명한 벨기에의 초콜릿 가공 산업은 카카오 수탈을 기반으로 발전했다.

서구 제국주의 유럽의 유색인종에 대한 착취와 수탈, 악행은 도저히 인간이 이해할 수 없을 정도로 악마적이다.

왜 이렇게 서구는 유색인종의 목숨을 짐승보다 못하게 다루었을까? 서구의 제국주의적 착취를 비난했으며, 노예무역을 날카롭게 비판했던 철학자 칸트까지도 한때는 아프리카 흑인에게는 본래 어리석음을 넘어서는 그 어떤 감정도 없으며 그들은 매질로 다루어야 한다는 말을 한 적이 있다. 이런 인종차별적인 편견은 어디에서 온 것일까?

토마스 모어는 초기 자본주의 병폐를 몸소 체험했다. 그래서 자본주의에 대한 신랄한 비판서인 『유토피아』를 썼는데 그가 그리는 이상향은 자유와 평등이 실현되는 사회였다.

힘이 있으면 자기보다 약한 존재를 억압하고 지배하고 죽이기까지 하는 세상이다. 힘없는 생명들이 죽임을 당하고 버려지는 슬픔은 백 년 전에도 이 시대에도, 어디에서나 있다. 부모에게 학대받다가 온몸이 멍투성이로 목숨까지 잃는 아이들이 있다. 친구에게 괴롭힘을 당해 너무 괴로운 나머지 스스로 목숨을 끊는 학생이 있다. 안전장치 없이 위험한 현장에서 노동하다가 죽음에까지 이르는 노동자들이 있다. 학대로 우는 아이, 목숨을 끊는 청소년, 사고로 죽는 노동자가 없는 세상이면 좋겠다. 힘없는 생명들의 슬픈 이야기가 아무에게도 위로받지 못한 울음, 슬픔이 되지 않았으면 좋겠다. 그것만큼 서러운 게 없을 테니까.

이 세상 어딘가에서 엄연히 벌어지고 있는 일이면서도 어떻게 해 볼 수 없는 일들이다. 그런 속수무책 속에서 존재는 더욱 왜소해지지만 나는 꿈을 꾸지 않을 수 없다. 힘센 존재와 약한 존재가 서로의 마음을 헤아리며 평화롭게 사는 세상에 대한 꿈이다. 세상을 더 나은 곳으로 만드는 일은 힘없는 생명을 가엾게 여기는 마음에서부터 시작될 것이다. 생명에 대한 연민이 이 세상의 문제를 다 해결할 수 없어도 그게 답인 것 같다.

초콜릿을 먹으면서 아무 부담 없이 맛있게 먹을 수 있는 세상이 되면 좋겠다. 카카오 농장에서 노예처럼 노동하는 어린아이들이 사라지고, 공정한 임금을 받는 노동자가 생산한 초콜릿을 먹고 싶다.

5부

안반데기에서 별을 보다

하늘에 북두칠성과 카시오페이아, 삼태성이 나타나고 수많은 별이 반짝이기 시작했다. 12시가 넘자 구름이 다 걷히고 까만 밤하늘을 가득 채운 별들이 쏟아져 내릴 듯 반짝였다.

인생은 선물이다

연극 〈토카타〉를 보고

음악회, 일금 3만 원으로 사는 행복

마음을 담은 클래식

매화마을

안반데기에서 별을 보다

인생은 선물이다

"향기롭고 따뜻해서 봄이 온 줄 알았는데 네가 온 거였구나!"

초등학교 교문 위에 노란색 플래카드가 가로로 걸려 있다. 초등학교 입학식 날, 학교 앞에서 그 문장을 보고 '아! 저건 시구나!' 생각했다. 선생님들이 아이들을 저렇게 따뜻하게 사랑을 담고 맞아 주니 이 학교 학생들은 행운일 것 같다는 생각이 들었다.

걷기 좋은 계절, 오랜만에 탄천에 갔다. 솜털 가득한 버들강아지가 메마른 나뭇가지에 가득 달려 있었다. 봄이 가까이 왔음을 느끼게 하는 갯버들이다. 꽃들은 아직 싹이 나오지 않았고 둔덕은 누렇다. 그러나 곧 초록으로 덮일 것이고 꽃으로 산책하는 이들을 유혹할 것이다. 남자 중학생 2명이 하천에 신발을 신고 들어가 뭔가를 찾는 것 같은데 발이 시린지 잠깐 있다 나온다. 아직은 물이 차가운 것 같다.

오랜만에 커피 볶는 집에 갔다. 맛있는 커피가 생각나면 자주 들르는 집이다. 코로나 때문에 항상 바깥에 있는 의자에 앉아 하천을 바라보며 커피를 마셨다. 겨울 동안 잘 가지 않다가 오늘은 따뜻해서 밖에 앉아 카페라테를 마셨다. 여름날, 비 오는 날에 그곳에 앉아서 내리는 비를 바라보며 마시는 커피는 정말 환상적이다.

건너편 하천 둔덕 위, 좁은 길에 운동 기구가 놓여 있고 노인들이 벤치에 앉아 해바라기를 하는 모습이 보였다. 긴 의자가 4개는 있는 듯, 그곳은 해가 잘 드는 곳이라 노인들이 쉬기에 좋다. 집에 오는 길, 햇빛 따뜻이 비치는 곳에 놓인 벤치에 앉아보았다. 따뜻했다. 봄볕을 만끽하는 기분이다.

이어령 선생님이 돌아가시고 마지막 인터뷰를 보았다.

그가 한 말이 생각난다.

"뒤늦게 깨닫는 생의 진실은 모든 게 선물이었다는 것입니다."

오늘은 아이들을 돌보고, 탄천을 산책하고, 카페에서 커피를 마시고, 봄 햇볕을 쬐면서 하루를 보냈다. 선물로 받은 것이었다. 이어령 선생이 말하지 않아도 항상 품고 있는 진실, 인생은 선물이다.

연극 <토카타>를 보고

마곡에 있는 LG아트센터에서 연극 <토카타>를 봤다. 연극 <토카타>는 이탈리아어로 만지다는 의미인 '토카레'에서 나왔다. 손숙의 데뷔 60주년을 기념해 만들어진 창작극이다. 극본 배삼식, 연출 손진책, 음악 최우정, 배우 손숙과 김수현, 춤추는 사람 역에 정영두가 출현했다.

극한의 바닥에서 느낄 수 있는 외로움에 관한 이야기다. 반려견을 떠나보내 혼자가 된 노인, 노인이 혼잣말하듯 독백을 쏟아 낸다.

"당신 품에 안겨서 이렇게 당신 품에 안겨서 눈을 감고 누워서 나는 가벼워져요. 낱낱이 샅샅이 당신은 내 몸 구석구석을 어루만지고 나는 내 몸을 잊어버려요. 거북이

목, 굳은 어깨, 굽은 등, 어긋난 허리, 처진 가슴, 흘러내리는 배, 늘어진 엉덩이, 앙상한 허벅지, 닳아버린 무릎, 갈퀴 같은 두 손, 나무뿌리 같은 두 발, 뒤틀려 서로 부딪치며 아우성치는 구멍 난 뼈들, 주저앉은 근육들, 촛농처럼 허물 허물한 살들, 구겨진 종잇장처럼 얇아진 살갗, 그 위에 새겨진 시간 들 (중략)

　오래된 창가로 가서 오래전에 내가 시장에 가서 일일이 만져보고 고른 커튼을 치고, 오래된 마루 위를 어정거리다가, 오래된 책상에 앉아 오래된 돋보기를 끼고 오래된 책들을 뒤적거리다가 오래된 전등이 깜빡거리는 걸 보다가, 오래된 욕실로 가서 오래된 얼굴과 오래된 손발을 씻고, 오래된 이빨을 닦고, 오래된 침대로 가서 오래된 잠옷으로 갈아입고, 오래된 베개를 베고 오래된 이불을 덮고, 오래된 쿠션을 오래된 습관처럼 끌어안고 누워서, 오래된 벽지들을 바라보며 오래된 일들을 어제처럼 생각하다가, 오래전 사람들을 오래오래 떠올리다가 잠이 들지요. 괜찮아요, 걱정 마세요. 오래된 것들이 나를 둘러싸고 있고 감싸고 있고 나는 그것들을 어루만질 수 있으니까요. 그런데 이상하죠. 오래된 내 몸은 아무래도 익숙해 지지가 않네요. 그런 생각이 들 때는 잠들기 전에 스위치를 내리듯이 이 오래된 생을 탁 꺼버리고 싶어요."

  연극을 보며 내 마음에 가장 와닿았던 대사를 유튜브에 나와 있는 이 연극의 하이라이트를 반복해서 보며 기록해 보았다.
  극작가 배삼식은 코로나 19를 겪으며 관계의 단절 속에서 '접촉'의 의미를 생각하게 됐다며 최근 몇 년 동안 희박해진 때로는 위험한 것으로 여겨지는 '촉각'과 '접촉'의 의미를 이야기해 보고 싶었다고 설명한다.
  인간의 존재가 살아있다고 확인하는 가장 중요한 부분은 타자와의 물리적인 접촉에 의해서일 것이다. 대상을 어루만지고 쓰다듬고 감각으로 느끼면서 접촉하는 구체적인 행위를 통해 인간이 상호 혹은 개별적으로 살아있음을 확인할 수 있다는 점을 작품 전 편을 통해 반복적으로 주제로 제시한다.
  얼마 전에 15년 동안 같이 살던 반려견 하양이를 저세상으로 보내서인지 나는 연극에 처음부터 몰입되었다. 80세 된 손숙이 대사를 읊으며 그의 고독을 말할 때 나는 10년 전에 돌아가신 내 어머니를 생각하며 눈물이 쏟아졌다.

"이 메마른 고독을 씻고, 부드러운 절망을 걸쳐 입고 당신 품에 안길 거예요, 당신한테 노래를 불러줄게요."라는 마지막 대사에서는 인간의 숙명 같은 고독과 절망 속에서도 어떤 위로와 희망을 보았다.

연극이 끝난 뒤 나는 한 편의 슬프고도 아름다운 시집 한 권을 읽은 느낌이었다.

음악회, 일금 3만 원으로 사는 행복

비 오는 날, 차 안에서 CD로 비올라 연주를 듣는다. 바이올린보다 깊고 어두운 음색의 비올라는 사람의 가슴을 울리는 매력이 있다. 여성의 저음과 같은 소리를 내는 비올라를 비올리스트 용재 오닐은 어머니의 따뜻한 목소리 같다고 했다. 비올라 소리는 비 오는 날 더욱 마음을 촉촉하게 적신다.

왜 비올라 소리는 비 오는 날 커피 한 잔과 함께 들으면 분위기가 있을까 생각한다. 비올라는 음색이 부드러워 다른 악기들과 조화를 잘 이룬다. 따뜻한 엄마 같은 악기인 비올라는 다른 악기를 받쳐주는 악기이며, 바이올린처럼 튀지는 않지만 없어서는 안 되는 악기이다. 비올라 소리는 부드럽고 따뜻한 음색 깊은 곳에 외롭고 쓸쓸한 음색 즉 센티한 면도 들어있다. 그래서 비 오는 날 커피 한 잔과 함께 들으면 분위기가 있는 것 같다. 바이올린이 화려하고, 첼로가 묵직하다면 비올라는 묵묵하다.

오케스트라 비올라 단원인 막내딸 덕분에 음악회에 자주 가는 편이다. 음악회 가기 전에 연주하게 되는 곡들을 미리 듣고 간다. CD가 있다면 그것으로 듣지만 대체로 유튜브를 통해 듣는 편이다. 세계 최고의 연주자들의 연주를 손쉽게 들을 수 있는 참 좋은 세상이다. 음악회에 가기 며칠 전부터 음악에 취한다.

예술의 전당이 있어 참 행복하다. 세계 최고 연주자들의 연주를 들을 수 있는 것도 좋지만 비싸지 않은 가격에 좋은 연주가 많기 때문이다. 한 달에 한 번씩, 금요일 오전 11시와 토요일 오전 11시에 있는 음악회는 특별한 일이 없는 한 간다. 오케스트라 수준도 훌륭하지만, 협연자들의 연주도 수준급이다. 현장에서 듣는 음악은 유튜브를 통해 들었던 연주와는 비교할 수 없이 감동을 준다. 우리 젊은 연주자들의 뛰어난 연주실력 덕분에 현장에서 두 배의 감동이 있다. 일금 3만 원, 3층은 15,000원에 수준급의 연주에 취할 수 있다.

작년 여름에는 대관령 음악제가 있는 평창에서 며칠 휴가를 보냈다. 에스메 콰르텟 연주와 손열음의 피아노 연주를 가까이서 듣고 행복한 시간을 보냈다.

이번에 KT 심포니오케스트라 연주에 신지아의 브루흐 바이올린 협주곡 1번 연주를 들었다. 브루흐의 바이올린 협주곡 1번은 워낙 아름답고 사람들이 좋아하는 곡이라 여러 바이올리니스트가 연주했던 곡이다. 그 곡의 연주를 처음 들었던 것은 정경화의 연주였다. 카리스마 넘치는 그녀의 연주 못지않게 신지아의 연주도 좋았다.

오래전 우리나라에 좋은 연주회장이 없던 시절, 이대 대강당에서 연주회가 있곤 했다. 이대 교문 앞에는 철길이 있었다. 연주회 중간에 기차가 지나가면 연주회장에서도 그 소리가 들렸다. 다들 기침 소리 하나 내지 않고 음악에 몰두하고 있을 때 기차 소리가 음악회를 방해하곤 했던 기억이 있다.

지금은 좋은 연주회장이 참 많이 생겼다. 예술의 전당, 세종문화회관뿐 아니라 송파에 롯데콘서트홀, 마곡에 LG 아트센터도 있다. 지역에도 지자체에서 좋은 연주 홀을 많이 만들어서 들으려고만 하면 싼값에 훌륭한 연주를 들을 수 있다. K팝, K드라마뿐 아니라 K클래식도 세계적이 되었다.

마음을 담은 클래식

어둡던 무대에 불이 켜지며 오케스트라 단원들이 악기를 들고나온다. 하프나 베이스, 팀파니 같은 큰 악기는 무대에 미리 놓여 있다. 단원들이 자리에 앉으면 퍼스트 바이올린 수석인 악장이 무대로 걸어 나와 관객을 향해 인사를 하고 바로 돌아선다.

악기 튜닝 시간이다. 물론 무대 뒤에서 연주자들은 악기를 충분히 튜닝하고 나올 것이다. 그러나 민감한 악기이니 넓은 공간인 무대에서 다시 한번 튜닝하는 것이다. 오보에 연주자가 'A'음을 불어주고, 그 음에 맞춰서 악장이 튜닝을 한 다음, 악장이 들려주는 '라'음을 들으며 모든 악기들이 튜닝을 한다.

무대는 순식간에 현악기들과 목관 금관 악기들의 음 맞추는 소리로 소란스러워진다. 음악회 시작 전 이 소리는 모든 생명이 세상 밖으로 나오려고 수런대는 소리 같다. 짧은 튜닝 시간은 끝나고 지휘자가 무대로 걸어 나온다.

오늘은 여자경 지휘자다. 남성 독무대였던 지휘의 세계에 여성들이 많아졌다. 여자경 지휘자는 따뜻하면서도 냉철한 카리스마로 무대를 압도하는 실력 있는 여성 지휘자이다. 그는 '오케스트라가 뽑은 지휘자 상'을 수상했고 세계 여러 콩쿠르에서 수상했다. 그가 지휘봉을 휘두르자 아름다운 화음의 심포니가 무대를, 연주장 안을 채운다. 수런거리던 생명들이 세상 밖으로 나와 꽃을 피운 것 같다.

오늘의 첫 곡은 헨델의 〈수상음악〉이다. 헨델의 〈수상음악〉은 1717년 조지 1세가 영국 템즈 강에서 뱃놀이를 할 때 흥을 돋우기 위해 작곡한 야외음악이다. 배 위에 오른 50명의 음악가가 왕의 배 주위에서 연주할 때 왕은 매우 흡족해 했다고 한다. 음악에 취한 왕은 3번씩이나 연주하게 했다. 10시에 시작한 뱃놀이가 밤 2시에 끝났다고 하니 그날 연주자들은 녹초가 됐을 것 같다.

오늘은 해밀턴 하티 버전으로 편곡된 곡이다. 금요일 오전, 예술의 전당을 찾은 우리는 뱃놀이하는 왕의 기분으로 음악을 즐겼다.

특히 마지막 곡은 미국 작곡가 코플랜드의 〈로데오〉이다. 작곡가 코플랜드는 1900년에 태어나 1990년에 세상을 떠났는데 레너드 번스타인의 스승이라고 한다. 〈로데오〉는 제1곡 〈카우보이의 축제〉, 제2곡 〈목장의 녹턴〉, 제3곡 〈토요일 밤의 왈츠〉 제4곡 〈호다운〉으로 미국적 색채가 짙게 드러나며 즐겁고 유쾌한 음악이다. 제2곡은 무척 아름다운 곡인데 광활한 대자연이 펼쳐진 곳으로 빠져들어가는 느낌이었다.

앙코르곡은 미국 작곡가 앤더슨Anderson의 〈Fiddle Faddle〉이라는 곡이었는데 '하찮은 일로 대단히 법석대다, 쓸데없는 일을 부산스럽게 한다.'는 뜻이라 한다. 무척 빠른 곡이었는데 바이올린 연주자들의 손이 정말 정신없이 움직였다. 장난스럽고 유쾌한 곡이었다.

가까운 곳에서 점심을 먹고 바깥이 잘 보이는 통창 옆

에서 커피 한 잔을 마시며 꽃샘추위로 조금 쌀쌀한 날이었지만 봄날을 즐겼다.

매화마을

 화가 김용준은 『근원 일기』에서 "댁의 매화가 구름같이 피었더군요."라는 유명한 문장을 남긴다. 그는 친구의 집에 있는 매화나무에 꽃이 피었다는 소문을 듣고 그 꽃이 보고 싶어 친구 집을 방문한다. 매화나무 앞에서 그는 토끼처럼 경이의 눈으로 꽃을 보고 있다. 그에게 매화는 위대한 예술과 같다. 위대한 예술을 감상할 때의 심경과 매화를 대할 때의 경건해지는 마음이 다르지 않다.

 퇴계 이황 선생은 나무를 사랑했다. 그중에서도 매화를 아꼈는데 "매화에 물 줘라."라는 돌아가시기 전 마지막 말은 유명하다.

매화는 눈 속에서도 피고, 추운 겨울을 이기고 제일 먼저 피는 꽃이라 특히 선비들이 사랑했다. 옛날 화가들이 즐겨 그렸던 소재 중 하나이고, 시인들은 그 향과 꽃을 찬양하는 시를 지었다.

하동 여행을 왔다. 봄이면 가보고 싶은 곳 중의 하나이다. 하동은 야생차로 유명하고 야생차밭 1000년의 역사가 있다. 고운孤雲 최치원 선생이 혼탁한 세상을 등지고 지리산으로 들어갈 때 하동 쌍계사에 머물렀는데,〈호중별천壺中別天〉이란 시에서 "동쪽 나라의 화개동은 호리병 속 별천지라네."라고 했다. 최치원 선생이 노래한 화개동은 지리산 쌍계사와 칠불사 계곡 일대를 말하는데 지리산에서 흘러내린 맑은 계곡물이 화개장터를 거쳐 섬진강으로 흘러간다.

어제는 홍쌍리 청매실 농장을 들렀다. 내가 묵는 리조트가 쌍계사 근처인데 그곳에서 약 30여 분 차를 타고 가는 길 양쪽, 섬진강 가에도, 산 위에도, 사방 천지가 매화나무이고 매화가 피었다. 매화 축제를 아직 시작도 안 했는데 주차가 힘들 정도로 많은 사람이 왔다. 올해는 꽃이 더 빨리 피어 만개한 매화를 볼 수 있었다.

 우리나라 어디에서 이렇게 많은 매화를 볼 수 있을까? 김용준 선생이나 퇴계 선생이 이 풍경을 보았다면 무엇이라 말했을까?
 여기가 '별유천지비인간別有天地非人間'이라 하며 감탄했을까.

안반데기에서 별을 보다

평창은 자주 가는 여행지다. 여름에는 대관령 음악제가 있고, 더위도 피할 수 있는 곳이라 선호한다. 오대산의 아름다운 숲과 월정사 전나무길, 상원사의 고즈넉함도 매력이다. 2시간 남짓 차를 타면 갈 수 있는 곳이라 더욱 좋다.

호텔에서 가까운 곳에 안반데기가 있다. 우리나라에서 별을 가장 잘 볼 수 있는 곳 중에 육백 마지기와 안반데기가 있다. 육백 마지기는 올라가는 길이 험하다고 하여 엄두를 못 냈지만, 안반데기는 그렇지 않아 용기를 냈다.

초행길, 밤중에 올라가는 것이 아무래도 염려가 되어

낮에 답사를 했다. 낮에도 그곳은 경치가 좋았다. 옛날 화전민들이 살았던 곳이었을까? 산 위 넓은 평원이 다 고랭지배추를 기르는 배추밭이었다. 배추 수확이 끝났는지 황토색의 밭이 잘 정리되어 이색적인 풍광을 펼쳐 보이고 있었다. 풍력발전기가 여러 대 세워져 돌아가고 있었다. 길이 험하지는 않지만 나이 많은 사람이 밤중에 산꼭대기를 향해 운전하기는 힘들 것 같았다.

저녁이 되어 어두워지기 전에 안반데기에 올라갔다. 밤을 새우고 새벽어둠이 걷힌 뒤 내려오려고 두꺼운 코트와 차에서 덮을 담요까지 준비하고 갔다. 밤에 먹을 간식과 컵라면과 보온병에 따끈한 물도 준비했다.

내일모레가 그믐이라 달이 어두워 별 보기에 좋은 날이었다. 하지만 하늘에는 구름이 잔뜩 덮여 있었다. 밤 3시 이후 구름이 걷힌다는 예고를 믿고 떠났다. 예상보다 빨리 구름이 걷혔다.

하늘에 북두칠성과 카시오페이아, 삼태성이 나타나고 수많은 별이 반짝이기 시작했다. 12시가 넘자 구름이 다 걷히고 까만 밤하늘을 가득 채운 별들이 쏟아져 내릴 듯 반짝였다. 그 수는 작아졌지만 새벽, 거의 5시까지 별을 볼 수 있었다.

우리는 밤 9시경부터 새벽까지 별을 보고 또 보았다. 잠도 오지 않았다. 그런데 그렇게 많은 별이 있었는데 이상하게 은하수는 잘 보이지 않았다. 어릴 때 여름날 마당에 펴 놓은 평상에 누워 보았던 그 은하수는 아니었다. 별이 많이 모여있는 곳이 희미하게 은하수처럼 흐르는 것 같았지만 기억 속의 은하수는 아니었다. 풍력발전기가 없었다면 훨씬 선명하게 보였을 것 같았다. 산 위라 엄청 추울 것을 예상했으나 바람이 불지 않아 춥지는 않았다. 성인이 된 후 별을 보기 위해 여기저기 다녔다. 우리나라에서 별을 가장 많이 본 날이었다.

처음 안반데기 주차장에는 우리 차까지 4대가 있었다. 그런데 밤 9시경부터 차들이 자꾸 올라왔다. 주차장이 꽉 찼다. 구름이 걷히자 별을 보기 위해 친구, 가족, 연인과 함께 올라온 것이다. 밤중이라도 운전하는데 어려움이 없는지 젊은이들은 밤에 왔다 밤중에 내려갔다.

별은 주위에 불빛이 없고 캄캄해야 잘 보인다. 별을 보기 위해 올라오는 사람들이라 모두 불빛을 조심하고 주차한 후에는 불을 껐다. 강아지, 아이와 같이 온 젊은이도 있었는데 그 차조차 불빛이 새어 나오지 않았다. 남을 배려하고, 예의 바른 젊은이가 얼마나 많은지 감동적이었다.

우리 앞에 주차한 차 주인은 커다란 망원경을 가지고 왔다. 망원경을 조립해서 세워놓은 후 바로 불을 껐다. 가까이 가서 인사했더니 망원경을 통해 목성을 보라고 했다. 예전에 목성 주위를 도는 위성 2개를 본 적이 있는데 4개 위성을 보았다. 토성도 망원경을 통해 보여주었는데 토성의 귀여운 고리와 토성 주위를 도는 위성 2개를 보았다. 천체지식이 많은 그에게 목성 때문에 우리 지구가 안전하다는 이야기도 들었다.

산 위에서 먹는 라면에 대한 로망이 있다. 알프스에서도 컵라면을 먹었다. 그런데 안반데기에서 먹지 못했다. 컵라면과 따끈한 물까지 준비를 다 해갔는데 젓가락을 챙기지 못한 것이다. 모든 것이 완벽한 밤이었는데 한 가지 아쉬운 일로 기억에 남는다. 인생이란 그런 것 같다. 그래서 또 다음을 기약한다.

　새벽 6시, 주위가 밝아진 뒤 산에서 내려왔다. 12시간을 산에서 지낸 날이었다. 참 아름답고 황홀한 밤이었다.

6부
함께 사는 세상

예수를 믿는다는 것은 예수의 시선을 배우는 것이라는 한 신학자의 말에 공감하며 예수님은 장애를 가진 이들에게 어떤 시선을 보냈는지 생각해 본다.

함께 사는 세상
하나님의 선물
위기의 아이들
상괭이의 꿈
정직
나그네 환대에 관하여
시간을 잃어버린 소녀들

함께 사는 세상

 수필가 장영희 교수의 10주기가 되는 올해 그를 추모하는 몇 가지 행사가 있었다. 그를 사랑했던 사람들이 모여 추모제도 하고, 그의 책 『살아온 기적, 살아갈 기적』 100쇄 기념 특별판도 나왔다. 수필집 100쇄를 찍었다는 것은 그만큼 그의 글을 좋아하는 독자가 많다는 의미. 소아마비 장애인으로, 결코 평탄하지 않았던 그의 삶에서 나온 진솔한 이야기는 많은 이들에게 꿈과 희망을 준다. 그의 많은 글 중에서도 나는 수필 「킹콩의 눈」을 가장 좋아한다.

 「킹콩의 눈」은 Y대학 박사과정 시험 날 장애인은 받지 않는다는 면접 교수의 퉁명스러운 말을 듣고, 부모님께 낙방 소식을 조금이라도 늦게 전하기 위해 본 영화 〈킹콩〉

에서 느낀 이야기, 그 킹콩이 꼭 자신과 같다고 쓴 글이다. "그 눈, 그 슬픈 눈을 나는 잊지 못한다. 그에게는 그녀를 사랑하는 것이 허락되지 않았다. 그가 인간이 아닌 커다랗고 흉측한 고릴라였기 때문에…. 그때 나는 전율처럼 깨달았다. 이 사회에서는 내가 바로 그 킹콩이라는 걸. 사람들은 단지 내가 그들과 다르게 생겼다는 이유만으로 나를 미워하고 짓밟고 죽이려고 한다." 그는 편견과 차별에 의해 죽어야 하는 괴물이 아닌 인간으로 존재할 수 있는 곳으로 가기로 결심하고 이듬해 8월 전액장학금을 준 뉴욕 주립대로 가 공부한다. 1978년, 40년 전 일이다.

30여 년 전 나는 원호병원 사회사업과에서 잠시 일을 했다. 그때 만난 한 청년의 눈물을 잊을 수 없다. 그는 대학 재학 중 군대에 갔다가 척추를 다쳐 하반신이 마비됐다. 수술도 여러 번 하고 병원에 몇 년을 입원해 있으면서도 병원 밖으로 나간 적이 거의 없었다고 했다. 딱 한 번 있었던 외출에서 너무나 큰 상처를 받았기 때문이다. 그는 꼭 한번 가보고 싶었던 자기가 다니던 대학교에 어느 날 용기를 내어 갔다. 그런데 사람들이 휠체어를 타고 있는 자기를 원숭이 구경하듯이 둘러싸서 봤다는 것이다. 그는 그 이야기를 하며 서럽게 울었다.

지금은 지하철에서, 길에서 휠체어를 탄 장애인을 보고 원숭이 구경하듯 보지 않는다. 장영희에게 장애인이라는 이유로 입학을 거부했던 대학도 그런 차별을 하지 않는다. 그러면 이제는 우리나라의 장애인에 대한 편견과 차별이 없어졌을까. 결코 그렇다고 말할 수 없다. 30년, 40년 전보다는 많이 나아졌지만 장애인이 살기에 우리나라는 너무나 힘들고 불편한 나라다. 2007년에 '장애인 차별 금지법'이 제정돼 모든 생활 영역에서 장애를 이유로 한 차별을 금지하고 있지만 가장 기본적인 교육받을 권리에 있어서도 여전히 장애아들은 다닐 수 있는 학교가 부족하다. 장애아 부모는 학교를 짓게 해 달라며 지역주민에게 무릎을 꿇고 눈물을 흘려야 한다.

미국의 경우 90% 넘는 장애아들이 비장애아와 함께 공부한다. 어릴 때부터 같이 어울려 공부하며 서로가 배우는 것이다. 나와 다른 사람이지만 이상하게 보거나 차별하지 않고 '도우며 함께 사는 사람'으로 어울리는 법을 배운다. 재정 형편에 따라 주마다 다르지만 일반학교에 입학한 장애아에게는 보조선생님이 붙어 돌봐준다. 학교 선생님과 학생들도 장애아가 학교에 잘 적응할 수 있게 도와준다.

20년 넘게 장애아와 그 가족들 곁에서 지원 활동을 해

온 정신분석학자 시몬 소스는 책 『시선의 폭력』에서 "남을 죽이는 시선이 있다. 무관심을 드러내는 사회적 행동이 있다. 휠체어가 다닐 수 있도록 도시를 정비하지 않는 것, 장애인에게 일자리를 보장하지 않는 것, 장애아들을 위한 돌봄 시설보다 장애인들의 불임수술에 재정과 노력을 쏟아붓는 것이 모두 무관심을 드러내는 사회적 행동이다."라고 했다. 예수를 믿는다는 것은 예수의 시선을 배우는 것이라는 한 신학자의 말에 공감하며 예수님은 장애를 가진 이들에게 어떤 시선을 보냈는지 생각해 본다. 예수님처럼 고칠 수 있는 능력이 우리에겐 없지만, 예수님처럼 따뜻한 시선만은 보낼 수 있지 않을까.

하나님의 선물

 12월 어느 추운 날, 길을 가다가 담장 밑에 핀 빨간 장미 두 송이를 보았다. 꽃들이 모두 사라져버린 계절에 꽃을 피운, 12월의 장미였다. 얼마 전 보도블록 틈새에 작고 하얀 들국화 두 송이가 핀 것을 보면서 가녀린 식물의 경이로운 생명력에 놀라고 설레었던 기억이 되살아났다. 이번 크리스마스에는 사는 게 너무 힘들어 생을 포기하고 싶은 모든 이들이 이 12월의 장미처럼, 작은 들국화처럼 강인한 생명력을 선물로 받으면 좋겠다.
 성탄절은 하나님이 우리에게 예수님을 선물로 주신 날이다. 하나님은 당신의 가장 귀한 독생자를 우리에게 보내주셨다. "너희가 그 은혜를 인하여 믿음으로 말미암아 구원을 받았나니 이것이 너희에게서 온 것이 아니요 하나님의 선물이라"(에베소서 2장 8절) 영원히 죽을 수밖에 없던 우리를 불쌍히 여기셔서 그 구원을 위해 스스로 아기 예수로 이 땅에 오신 것이다. 이렇게 하나님의 사랑을 받는 우리의 생명은 천하의 무엇과도 바꿀 수 없이 귀중한 것이다.

통계청의 2018년 '사망 원인 통계'에 따르면 우리나라 자살 사망자는 13,670명인데 전년 대비 9.7% 증가한 것으로 하루 평균 37.5명이 극단적 선택을 한 것으로 나타났다. 이는 경제협력개발기구OECD 국가 중 자살률 1위이다. 특히 70대부터 자살률이 급증하고 10대 청소년의 자살률도 2018년 인구 10만 명당 5.8명으로 2017년 4.7명보다 22%나 증가했다. 특히 다른 나라와는 달리 우리나라는 어린 자녀들과의 동반 자살이 많다. 극단적 선택을 하는 사람들은 더 이상 희망이 없다고 느끼고 벼랑 끝에 서서 최후를 결단했을 것이다. 그러나 아이들은 영문도 모른 채 선택의 여지 없이 하나님이 주신 귀중한 생명을 잃고 있다.

앤디 앤드루스의 소설 『폰드 씨의 행복한 하루』는 40대 중반 한 집안의 가장이 열심히 일하던 직장에서 하루아침에 실직을 당하고, 집세는 밀리고, 딸은 급한 수술을 해야 하는데 통장은 텅 비어 있는 막다른 상황, 깊은 절망의 구렁텅이에서 자살까지 생각하다 탈출하는 이야기이다. 주인공이 인생의 막다른 상황에서 갑자기 역사 속으로 환상여행을 떠나서 솔로몬, 체임벌린, 안네 프랑크, 링컨, 대천사 가브리엘 등에게서 인생의 고귀한 메시지 하나씩을 선사 받아 그 선물로 인해 완전히 다른 인생을 맞는다는 이야기이다.

그중에서도 인상적인 한 장면은, "오늘 나는 행복한 사람이 될 것을 선택하겠다"는 안네 프랑크의 말이다. 결코 행복할 수 없는 상황에 놓인 10대 소녀 안네가 매일 아침, 잠에서 깨어나면서 이렇게 행복을 선택한다. 안네는 매일의 삶이 곧 하나의 특혜라는 것을 잊지 않는다. 인생을 지구라는 행성에서 종신형을 사는 것이라고 표현한 시인도 있지만 비참한 상황에 빠진 안네는 결코 그렇게 생각하지 않고 매 순간을 행복해지려고 애쓰며 현재의 시간에 최선을 다해 살아간다. 대천사 가브리엘, 그가 준 메시지는 "나는 어떠한 경우에도 물러서지 않겠다. 나에겐 믿음이 있다."이다. 믿음은 기적을 만들어내는 힘이 있기 때문에 밝은 미래라는 기적을 낳는다. 고난이나 환난을 당할 때에도 하나님은 함께 계시고 이길 힘을 주실 것을 믿을 때 그 고난은 또한 하나님의 선물이 될 수도 있을 것이다.

　하나님의 선물은 참으로 많다. 구원을 받고 영생을 얻은 것, 먹고 마시는 것과 수고함으로 낙을 누리며 사는 것, 평안을 누리는 것, 감사를 아는 사람으로 사는 것, 자녀와 또 그 손들을 통해 믿음의 유산을 이어가는 것, 아름다운 자연 등 하나님의 선물이 아닌 것이 없다. 이 모든 것 중에서 무엇보다도 생명으로 산다는 것, 현재 이 순간 살아 있다는 것이 참으로 귀한 것이다. "생명을 지키는 일, 우리 모두의 책임입니다."라며 종교계에서 자살 예방을 위한 행동에 나섰다고 한다. 기독교인의 비율이 높은 우리나라에서 자살률 1위는 부끄러운 일이다. 하나님으로부터 받은 선물인 귀한 생명을 지키는 일은 우리 모두의 책임이다.

위기의 아이들

 연쇄살인범 유영철이 검거됐을 때의 일이다. 우리 상담실이 속해 있는 보호관찰소 소장이 상담실 선생님들에게 특별히 점심 대접을 하겠다고 했다. 연말에 식사 대접을 받은 적은 있지만 연중에는 처음 있는 일이라 의아했다. 유영철이 검거된 후 했던 말을 듣고 상담실에서 자원봉사 하는 선생님들이 생각났다는 것이다. "유영철이 절도로 처음 범죄를 저지르고 소년범이 됐을 때 자기를 잡아줄 따뜻한 어른 한 사람만 있었어도 지금과 같은 살인범이 되지는 않았을 것이라고 했어요. 선생님들은 미래의 유영철을 미리 예방하고 있는 겁니다." 밥을 사면서 범죄예방위원 선생님들에게 했던 말이다.

 소년 재판 1~5호 처분을 받아 보호관찰 중인 아이들을 상담하며 같이 밥도 먹고 이야기를 들어주고 멘토 역할을 하는 선생님들은 자신이 돌보는 아이들이 더 이상 범죄를 저지르지 않기를 바라는 마음으로 정성을 다한다. 탈주해 가정집에 들어가 인질극을 벌여 온 나라를 발칵 뒤집어 놓았던 지강헌 사건이 있었다. 이 사건은 <홀리데이>라는 영화로 만들어지고 지강헌이 했던 '무전유죄 유전무죄'라는 말이 유행했다. 그 역시 어린 시절 처음 잘못된 길로 들어섰을 때 자기에게 따뜻하게 대해주는 어른 한 사람만 있었어도 범죄자가 되지 않았을 거라고 했다.

심리학자 에미 워너 교수는 하와이군도 카우아이섬에서 1955년에 태어난 모든 신생아를 대상으로 수십 년 추적조사를 한 결과 가장 불행하고 열악한 환경에 있던 201명의 아이 중 3분의 2는 문제아가 되었고 3분의 1은 별다른 문제를 일으키지 않고 훌륭한 사람으로 성장했다는 것을 발견했다. 잘 자란 아이들의 원인을 연구해보니 이 아이들에게는 끝까지 자기편이 되어주고 이해해준 어른 한 사람이 있었다. 그것이 아이들에게 어떤 역경에도 굴하지 않는 강력한 힘인 회복탄력성을 가지게 했다는 것이다. 회복탄력성이란 인생의 바닥에서 바닥을 치고 올라올 수 있는 힘, 밑바닥까지 떨어져도 꿋꿋하게 되튀어 오르는 마음의 근력을 의미한다.

신학기가 시작되었다. 추운 겨울 움츠리고 있다 따뜻한 봄을 맞아 어깨를 펴듯 새 학기를 맞이하는 학생들은 새로운 계획과 희망에 마음이 설렌다. 그러나 그렇지 못한 아이들이 있다. 학교 밖 아이들이다. 이들 중 많은 수는 유학이나 대안학교, 검정고시, 직업훈련 등으로 진로를 모색하고 있어 큰 문제는 없지만 또 많은 수의 아이들이 길 위를 헤매고 있다. 가출해 길 위를 떠도는 아이들 수가 20만 명이 넘는다고 한다. 그들이 집단을 이뤄 다니며 크고 작은 범죄를 저지르는 비행소년이 된다.

비행소년들은 실제로 처한 환경이 상상할 수 없이 열악하다. 청소년의 절도와 폭력이 아동학대와도 깊은 관련이 있는데 부모에게 학대받다 죽지 않으려고 가출하기도 한다. 이들의 대부분은 부모의 이혼, 별거 등 가정 해체로 인해 마음의 상처가 크며 외로움을 심하게 타고 무기력하다. 학교에서도 밀려나고 사회에서도 소외돼 외롭고 가난한 아이들에게 남는 것은 비슷한 상황에 놓인 또래들밖에 없기에 친구관계에 목을 매기도 한다.

성경 미가서 6장 8절은 하나님의 정의에 대해 말하고 있다. "사람아 주께서 선한 것이 무엇임을 네게 보이셨나니 여호와께서 네게 구하시는 것은 오직 정의를 행하며 인자를 사랑하며 겸손하게 네 하나님과 함께 행하는 것이 아니냐." 하나님의 뜻은 우리보다 어려운 환경에서 살아가고 있는 이들을 향한 배려, 사랑이 담긴 나눔과 섬김이다.

 비행소년은 사회의 가장 낮은 곳에 처한 사회적 약자다. 혼자 힘으로 일어설 수 없는 아이에게 손을 내밀어 일으켜 세우는 일은 어른들의 몫이다. 이 아이들에게도 '한 사람의 어른'이 필요하다. 또한 우리 자녀들과 다음 세대를 함께 살아갈 아이들이기 때문에 어른들이 관심과 사랑을 베풀어야 할 충분한 이유가 있다. 그것은 우리 사회 미래공동체에 대한 값진 투자이다.

상괭이의 꿈

　상괭이를 아시나요? 살쾡이가 아닙니다. 상괭이는 바다에 사는 포유류, 우리나라 토종 돌고래입니다. 쇠돌고래과의 소형고래(1.5~2m)로 우리나라 남서해안에 주로 서식하며 그 모습이 사람이 웃는 것과 같아 '웃는 돌고래' '미소 천사' '물돼지'라는 여러 별칭을 가지고 있는 귀여운 고래입니다. 10~11개월의 임신 기간을 거쳐 새끼가 태어나고 어미는 6개월 이상 수유하며, 가족끼리 두세 마리가 함께 삽니다. 다른 돌고래와 달리 물돼지라는 별칭처럼 얼굴은 둥글고 입은 뭉툭한데, 가까이서 상괭이와 눈을 맞추다 보면 그 순하고 예쁜 모습에 감동하지 않을 수 없다고 합니다.
　전 세계에서 우리나라에 가장 많이 산다는 상괭이가 멸종위기에 있습니다. 국립수산과학원 통계에 따르면 2005~

11년 상쾡이 개체 수는 36,000마리에서 13,000마리로 감소했습니다. 현재 몇 마리나 남아 있는지 그 숫자를 알기 위해 조사 중입니다. 해양수산부는 2016년 '해양생태계 보전 및 관리에 관한 법률'에 따라 해양보호생물로 지정했습니다. 보호생물로 지정이 됐음에도 불구하고 연 1,000마리 (공식적 신고 숫자이고 실제는 훨씬 더 많을 것) 넘게 상쾡이가 죽는 것은 주로 혼획 때문이라고 합니다. 거센 조류를 마주하고 펼쳐진 안강망이란 그물에 갇히면 수면 위로 올라갈 수가 없어 숨이 막혀 죽고 마는 것입니다.

안강망 속에 상쾡이가 탈출할 수 있는 작은 구멍만 있어도 상쾡이는 살 수 있습니다. 다행히 국립수산과학원은 상쾡이 혼획을 90% 이상 줄일 수 있는 그물인 유도망을 개발했고 시험 결과도 성공적입니다. 다만 유도망을 안강망 속에 설치하면 잡은 생선이 다 빠져나가는 게 아닌가 어민들은 걱정합니다. 그러나 시험 결과 어획 손실량이 5% 미만이라고 하니 크게 걱정하지 않아도 될 양입니다. 아직 시험 단계라 쓰지 않는다고 하나 빨리 상용화하고, 의무적으로 안강망에 부착할 수 있게 법률 규정이 생겨야 할 것입니다. 이것은 상쾡이를 위해서만이 아닙니다. 미국은 해양포유류보호법MMPA에 의거 해 2022년부터 해양포유류가 혼획되는 어업에서 생산한 수산물 수입 금지를 추진하고 있어 수산물 수출을 위해서도 빨리 시행해야 할 것입니다.

지난 2월 「중국 가판대에 진열된 희귀돌고래 상괭이의 눈물」이라는 기사가 많은 사람을 감동하게 했습니다. 중국 광둥성 주 강 인근에서 잡힌 돌고래가 어시장 가판에 진열된 뒤 계속 눈물을 쏟았다는 것입니다. 그 모습을 보고 있던 청년 둘이 비싼 값에 사서 바다로 무사히 돌려보냈다는 내용이었습니다. 지능이 높은 돌고래니까 죽음을 인지하고 가족을 그리워하며 눈물을 흘렸을까요.

지난해 12월에는 거제 앞바다에서 잡힌 상처 입은 상괭이를 한 달간 치료 끝에 '새복이'라는 이름을 주어 자연 방류시켰습니다. 구조해서 신고한 선장과 배에 국내 최초로 해양 동물보호위원회 명의의 '착한 선박' 인증서가 지급됐습니다. 인간과 자연이 함께 사는 바다가 되도록 노력하는 사람들입니다. 경남 고성군은 국내 처음으로 상괭이 보호를 위해 해양생물보호구역으로 지정을 추진합니다. 2011년 이후 고성군 해역에서 20마리의 상괭이가, 2016년에 10마리가 발견되면서 관광 테마 자원으로 육성할 계획입니다. 아이들이 가까운 바다로 나가 돌고래와 함께 눈 맞추며 노는 날이 언제쯤 올까요, 그것은 상괭이의 꿈이며 우리의 꿈이기도 합니다. 세계 각국에서 사람들이 이 수줍고 예쁜 미소를 가진 돌고래를 보기 위해 우리나라를 찾아오는 날이 기다려집니다.

하나님은 세상을 창조하실 때, 마지막으로 사람을 만들어 땅과 바다의 모든 생물을 다스리라 하셨습니다. 죽이고 파괴하는 세상이 아닌 번성하고 충만한 세상을 말입니다. 이기심이나 무관심 때문에 다른 생명을 죽일 권한은 누구에게도 주신 적이 없습니다. 모든 생명이 어우러져 행복하게 사는 꿈을 꾸어 봅니다.

정직

 오래전, 한 소년이 1년 보호관찰처분을 받고 우리 상담실에 왔다. 그 소년은 중학생이었는데 기록을 보고 깜짝 놀랐다. 돈 백 원을 훔친 죄였다. '백 원 때문에 이런 벌을 주다니, 이건 너무 가혹한 것 아닌가?' 그런데 기록을 끝까지 읽어보니 그 소년이 절도로 재판까지 받은 것은 몇백 원에서 만 원짜리까지 수십 차례 손을 댄 전력이 드러나서였다. 보호관찰을 받는 아이들 중에는 다른 아이들도 다 같이 나쁜 짓을 하는데 자기는 재수가 없어 걸렸다고 생각하는 경우가 많았다. 또 돈이 없어, 혹은 부모가 빼내 주지 않아 벌을 받는다고 생각하기도 했다. 어쨌든 이 소년은 억울하다고 생각했을 것도 같은데 뜻밖에 기특한 말을 했다. "이렇게 벌을 받게 된 것이 저에게는 참 다행스러운 일인 것 같습니다. 만일 이번에 붙잡히지 않았다면 저는 앞으로도 계속 돈을 훔쳤을 것입니다."

소년의 말이 내게 감동으로 온 것은 그즈음 주위에 그렇지 못한 사람들이 너무 많아서였다. 친구를 때리고 위협하며 돈을 1년 넘게 빼앗아서 상담실에 온 고등학생은 벌 받는 것이 억울하다고 했고, 그 학생의 엄마는 돈을 빼앗긴 바보 같은 아이 때문에 아들이 벌을 받게 되었으니 자기 아들도 피해자라고 항변했다. 가치관의 혼란, 죄를 지었으면 벌을 받는 것이 너무나 당연한 일인데 그것을 받아들이려 하지 않았다.

몇 년 전, 손대지 말아야 할 돈을, 그것도 수십억 원이나 손을 대고도 벌 받는 것이 억울하다는 한 어른 때문에 우리 동네가 무척 어수선하고 시끄러웠던 적이 있었다. 교회를 개척하여 대형 교회로 키운 한 목사님 때문이었다. 어느 날 간교한 뱀이 그의 귀에 대고 속삭인 것 같다. '개척한 교회는 목사님 교회이니 교회 헌금은 목사님 마음대로 써도 됩니다.' 그는 유혹에 지고 말았다. 헌금을 직접 관리하기 시작했고 돈을 보니 욕심이, 욕심은 죄를 낳았다. 돈의 맛을 알게 된 목사는 성직자가 마땅히 지녀야 할 덕목인 깨끗함과 거룩함에서 멀어졌다. 결국 그는 헌금

횡령으로 고소를 당해 실형을 선고받았다.

그런데 문제는 마치 재수가 없어서 보호관찰을 받는다는 아이처럼 죄를 인정하지 않고 벌 받는 것이 억울하다며 그는 상소를 계속했다. 그런 목사를 지지하는 사람들이 있었고 대법원에서 판결이 날 때까지 몇 년 동안 싸움은 계속됐다. 아파트 단지 안 중심축에 있는 교회 건물에는 수많은 현수막이 나붙었다. 교인들이 양쪽으로 나뉘어 예배를 드리고, 이웃들은 시끄럽다고 아우성이었다. 목사님이 잘못을 인정하고 물러났더라면 조용히 끝났을 일이었다. 교인은 맹목적인 믿음이 아니라 사실을 사실대로 볼 수 있는 눈만 있었다면 목사 편이 되어 그렇게 싸울 일도 아니었다. 한 공동체 안에서 형제처럼 지내던 교인들은 편이 갈리고 마치 원수처럼 되고 말았다.

요즘, 우리나라에서 일어났던 사태를 생각하면 예전에 겪었던 일과 비슷한 점이 많다. 한 사람의 행위에 대해 한쪽은 "그렇게 털어서 먼지 나지 않을 사람이 어디 있느냐."라고 했고, 또 다른 한쪽은 "한 나라의 법무부 장관인데 그렇게 말과 행동이 일치하지 않고 거짓말하는 사람은 절대 안 된다."라고 했다. 다행히 법무부 장관이 사퇴해 일단락된 듯하지만 둘로 쪼개진 사회의 화합이 쉬워 보이지 않는다.

출애굽기 18장 21절을 보면 하나님이 요구하시는 지도자의 덕목을 배울 수 있다. 모세가 백성을 재판할 천부장, 백부장들을 세울 때 하나님을 두려워하고 진실하며 불의한 이익을 탐하지 않는 사람을 세웠다. 즉 지도자를 고르는 중요한 기준이 정직성이었다. 성경은 말한다. "너희는 도둑질하지 말며 속이지 말며"(레위기 19장 11절) "거짓을 버리고 그 이웃과 더불어 참된 것을 말하라 이는 우리가 서로 지체가 됨이라"(에베소서 4장 25절) 주님은 우리 보통사람에게도 정직할 것을 요구하신다. 그런데 더욱더 지도자들에게 정직성을 요구하시는 이유는 지도자는 자기 권위 아래에 있는 사람들에게 좋은 혹은 나쁜 영향을 주기 때문이다.

나그네 환대에 관하여

　스티븐 스필버그 감독, 톰 행크스 주연의 〈터미널〉이란 영화가 있다. 동유럽의 작은 나라에서 미국에 온 주인공이 고국 사정으로 입국이 불허돼 공항터미널에서 생활하며 겪는 이야기다. 그렇게 9개월을 살다가 드디어 터미널 문을 밀고 나가서 뉴욕에 첫발을 디뎠을 때 감격해 하는 주인공의 얼굴을 잊을 수 없다. 비슷한 일이 최근에 우리나라에서 일어났는데 정치적 박해를 피해 한국에 온 콩고 출신 앙골라인 루렌도 가족의 일이다. 아이 4명을 포함한 일가족 6명이 인천공항터미널에서 10개월을 노숙인처럼 살았다. 그들이 우여곡절 끝에 난민심사를 받기 위해 터미널 밖으로 나갈 수 있게 됐을 때 루렌도 씨의 9세 된 장남은 "우리도 이제 자유야." 하고 울음을 터뜨렸다고 한다.

작년 500명이 넘는 예멘인들이 제주도로 입국, 난민 신청을 하면서 사회에 큰 이슈를 던졌고 난민수용 여부에 대한 찬반 논란이 거셌다. 난민에 반대하는 사람들은 만일 이번에 그들을 받아들인다면 우리나라에도 난민들이 몰려올 것이고 그들이 일자리도 뺏고, 안전도 해칠 것이라는 우려 때문에 우리 땅으로 들어오려는 이방인들에 대한 적대를 노골적으로 드러냈다. 그 혐오와 적대는 외국인 노동자, 이주 여성들, 탈북민에게까지 광범위하게 퍼져 있다. 한국교회협의회는 긴급 성명을 발표하고 "나그네 된 이들과 함께 그들의 고통을 나누며 상생하는 사회로 나아가는 것이 바로 그리스도인들이 할 일"이라고 호소하기도 했다.

창세기에는 '믿음의 조상' 아브라함이 나그네를 대접하는 장면이 나온다. 몹시 뜨거운 날 장막 입구 그늘에서 쉬고 있던 아브라함은 멀리서 낯선 사람 세 명이 지나가는 것을 본다. 그는 일면식도 없는 그들을 달려가 맞아 물을 가져다 발을 씻게 하고, 떡과 송아지 요리를 해 정성껏 대접한다. 그 결과 아브라함은 1년 후에 사라를 통해 아들을 얻을 것이란 상상도 못 했던 예언을 듣고 축복을 받는다. 예수님은 마태복음 25장에서 "내가 주릴 때에

너희가 먹을 것을 주었고 목마를 때에 마시게 하였고 나 그네 되었을 때 영접하였고" 하시며, 지극히 작은 자 하나에게 한 것이 예수님에게 한 것이라고 말씀하신다. 그러나 오늘날 나그네를 환대하는 것은 모험일 수 있다. 낯선 존재, 어떻게 반응할지 모르는 사람을 집안에 들이는 것은 자신의 존재에 위협을 가하는 것이다. 그 나그네가 때로는 도둑질을 하고 심하게는 성폭력, 살인에 이르는 세상이라 경계를 게을리할 수가 없는 형편이다. 사람들은 누구나 안전한 집에서 거주하며, 가족과 인생을 향유하기를 원하는데 낯선 사람이 집에 들어오려고 하면 위협을 느끼게 된다. 그럼에도, 나에게 익숙하고 안락한 세계를 열고 위험 부담이 있는 낯선 자를 받아들여야 하는 이유는 어디에 있는가. 그 이유는 그 낯선 자가 헐벗고 굶주리고 가난한 자로, 누군가의 도움이 절실하게 필요한 자로 나에게 찾아오기 때문일 것이다.

고통받는 타자에 대한 환대와 배려야말로 근대윤리학의 핵심이 돼야 한다는 철학자 레비나스는 내 집 문을 꽁꽁 걸어두고 타인으로부터 분리된 채 자기중심주의로 살아가는 것은 책임으로부터의 도피이며 윤리적 의미의 악이라고 말했다. 그 악과 반대되는 차원은 선인데 구체적으로 타인의 호소를 수용하고 받아들이는 것 즉 타인을 영접하는 환대라고 했다.

나그네 환대는 긍휼이며 타인의 고통을 나누어 갖는 것이다. 따라서 환대는 자기희생이 전제돼야 한다. 구원받은 성도의 특징은 이기적인 삶에서 돌이켜 십자가의 삶으로 나아가는 것이라고 했다. 하나님은 이스라엘 백성들에게 너희가 애굽에서 나그네 되었던 일을 항상 기억하며 살라고 하셨다. 이 말씀은 이스라엘 백성만이 아니라 구원받은 성도 모두에게 해당하는 말씀일 것이다. 훗날 내가 하나님 앞에 섰을 때 "제가 어느 때 나그네 되신 주님을 영접했습니까." 하고 여쭈었을 때 "바로 네 곁에 있던 나그네를 영접하지 않았느냐."는 대답을 들을 수 있는 그리스도인이 되고 싶다.

시간을 잃어버린 소녀들

8월이다. "해야 솟아라, 해야 솟아라, 말갛게 씻은 얼굴 고운 해야 솟아라./ (중략) 해야, 고운 해야, 해야 솟아라. 꿈이 아니래도 너를 만나면, 꽃도/ 새도 짐승도 한자리 앉아, 워어이 워어이 모두 불러 한자리 앉아,/ 애띠고 고운 날을 누려보리라." 시인 박두진은 광복의 기쁨을 이렇게 노래했다. 고통 속에서 고국을 떠났던 사람들은 꿈에도 그리던 고국 땅으로 돌아왔다. 그리운 가족과 조상의 선영이 있는 땅으로. 그러나 돌아올 수 없었던, 돌아와서도 결코 환대받지 못했던 우리의 가엾은 딸들이 있었다. 강제로, 혹은 속아서 끌려갔던 어린 소녀들, 일본군의 성노예 '위안부'들이었다.

그들은 50년 동안 침묵 속에서 눈물을 흘려야만 했다.

군위안부 피해자들은 가문의 수치, 민족의 수치로 여겨졌기 때문이다. 어린 소녀였던 그들은 할머니가 되었다. 결코 말할 수 없었던, 그러나 가슴 속에 응어리진 그 한을 풀 길 없어 혼자서만 몸부림치던 그들이 드디어 입을 열어 말하기 시작했다. 1991년 8월 14일, 김학순 할머니의 발언, 그것은 차라리 비명이었다. 군위안부, 처음에는 간호사나 공원으로 일하면 많은 돈을 벌어 가난한 집안을 잘 살 수 있게 해준다는 감언이설로 속여, 나중에는 마구잡이 납치까지, 일본 정부의 묵인하에 자행된 군부의 만행이었다. 패망한 일본군들은 부끄러운 역사를 지우기 위해 그 존재 자체를 말살하려고 했다. 군위안부 중 살아남은 이가 얼마나 됐는지는 알 수 없지만, 천신만고 끝에 살아났더라도 숨죽이고 살던 그들이 김학순 할머니의 발언 이후 한국에서, 중국에서, 세계의 각처에서 봇물 터지듯 증언을 쏟아내며 일본군의 만행을 고발했다.

"그들은 나의 젊음과 인간으로서의 존엄성을 빼앗았습니다. 전쟁 후에 나는 영국 육군 경찰에 이것을 고발했지만 아무 조처가 없었습니다. 확실히 발언을 할 수 있는 용기를 갖기까지 많은 해가 걸렸습니다. 나는 끔찍한 수치와 불결함 속에서 침묵하며 살았어요." 네덜란드인 얀 뤼프

오헤르너는 인도네시아에 있는 포로수용소에 갇혀 있다가 일본군 성노예 시설로 보내져 군위안부가 되었다. 50년 동안 소리 없이 울던 그가 용기를 낼 수 있었던 것은 1991년 김학순 할머니의 증언을 듣고 난 후라고 했다.

8월 14일은 아시아연대회의가 정한 '세계일본군위안부기림일'이다. 우리나라는 '위안부 피해자 기림의 날'을 국가기념일로 지정했다. 한나 아렌트는 홀로코스트의 가장 무서운 본질은 희생자가 살해되는 것만이 아니라 그 사람이 살아 있었다는 존재 자체의 기록과 그 사람에 대한 '기억'이 망각의 구멍으로 떨어져 말살되는 것이라고 했다. 기억에 대한 이런 통찰은 똑같이 군위안부에게도 적용된다.

홀로코스트가 세계인의 가슴에 새긴 것은 학살의 잔혹성 때문만은 아니었다. 세계의 양심과 감성을 흔들고 울린 것은 시와 소설, 에세이, 특히 영화였다. 다행스럽게 군위안부 영화가 만들어지기 시작했다. 다큐 〈낮은 목소리〉를 시작으로 〈귀향〉〈아이 캔 스피크〉 등의 극영화는 많은 이의 감성을 울렸다. 일본인이 만든 〈주전장〉은 제3자의 시각으로 만들어진 영화이기에 세계인에게 더 설득력이 있을 것 같다. 양심적인 일본인 사진작가 이토 다카시의 글과 사진집 『기억하겠습니다』, 서울대 인권센터에서 나온 사진과 자료로 보는 피해 여성들의 기록 「끌려가다, 버려지다, 우리 앞에 서다」 등과 같은 자료들이 더 발굴되어야 할 것이다.

"바구니 옆에 끼고 나물 캐다 그만 시간을 잃어버리셨죠/ 다시 찾아드릴게요 어머니/ 열 네 살 소녀 그 어린 꿈들 이 땅에 흐르는 대지의 눈물이여" CCM 가수 홍순관은 〈대지의 눈물〉에서 이렇게 노래한다. 들리지 않는 작은 목소리에 귀 기울이시고, 지극히 작은 자의 슬픔을 위로하시는 하나님은 "두려워하지 말라 네가 다시는 수치를 당하지 아니하리라"(이사야서 54장 4절)라고 말씀하신다. 동대문교회 집사였던 김학순 할머니는 그 견디기 힘들었던 긴 시간을 하나님의 영원한 자비로 위로받으며 살아내셨고, 또 용기도 얻었을 것이다.